중등 논술 신문

오현선 글

서사원주니어

　우리는 정보가 쏟아지는 시대에 살고 있어요. 매일 스마트 폰에 접속하면 수많은 정보가 쉴 틈 없이 우리의 마음과 뇌를 흔듭니다. 그렇다 보니 무엇이 사실이고, 무엇이 옳은 것인지 판단하지 않고 쏟아지는 정보를 흡수하는 상황에 이르렀습니다. 아니, 어쩌면 판단하지 못하게 된 것은 아닐까 하는 우려도 듭니다.

　미디어 리터러시 교육을 제대로 받기 전, 어릴 때부터 온갖 정보에 여과 없이 노출되어 온 우리 중학생들에게 이 세상이 어떤 모습으로 비추어질지 염려가 됩니다. 긴 글 읽기를 힘들어하는 경우가 많으니, 좋은 책을 읽고 사유하고 토론하며 자기 견해를 만들어 가는 일은 더욱 쉽지 않겠지요. 우리는 어디에서 돌파구를 찾아야 할까요?

아이들을 가르치는 제가 할 수 있는 일을 떠올려 보았습니다. 한쪽으로 치우치거나 잘못된 정보에 휩쓸리지 않고, 세상을 있는 그대로 읽는 법을 알려 주어야겠다고 생각했습니다. 그래서 이 책을 쓰게 되었지요.

이 책은 이 세상 이야기를 사회, 경제, 과학/환경, 교육, 국제, 문화/생활 총 여섯 가지 영역으로 나누어 소개하고 있습니다. 단순히 시사 이슈를 접하는 것에서 그치지 않도록, 여러분에게 도움이 될 배경지식이 잘 정리된 글을 실었습니다. 여러분이 자신만의 의견을 갖기를 바라는 마음으로, 서로 다른 입장이 담긴 사설 두 편과 생각해 볼 수 있는 질문도 담았어요.

이 세상은 여러분에게 좋은 성적만을 강요하지요. 하지만 저는 진짜 성공은 의문을 가지고 세상을 바르게 볼 줄 아는 시선, 그리고 그것에 대한 자신만의 근거를 갖추는 능력이라고 생각해요. 그래야 이 혼란스러운 세상에서 중심을 잡고 자기 길을 잘 찾아나갈 수 있을 테니까요. 내 삶을 스스로 결정하고 만들어 나가는 것보다 더 중요한 삶의 가치가 있을까요? 또한 건강한 생각을 지닌 개개인이 모여 완성되는 것이 사회이니, 건강한 사회를 만들기 위해서라도 필요한 일이에요.

글을 읽는 일은 그 자체로 이미 생각을 하게 유도하는 일이에요. 그러니 이 책에 실린 기사 60편을 읽는 것만으로도 여러분은 서서히 스스로 생각하는 법을 알게 될 거예요. 글을 읽는 힘을 키우면, 당장 눈앞의 교과 공부에도 도움이 될 거고요.

책을 읽고 여유가 된다면 질문에 답한 내용을 엮어 단 몇 줄로라도 글로 써 보세요. 그간 내가 알던 것은 사실이 맞는지, 우리가 눈을 동그랗게 뜨고 의문을 가져야 하는 것은 없는지 새삼스럽게 깨달을지도 몰라요. 생각이 정리되면 세상을 보는 힘이 부쩍 자랄 거예요. 입시를 향해 달려가야 하는 다소 힘들고 분주한 삶 속에서, 이 책이 부담스러운 숙제가 아니라 행복한 읽을거리가 되기를 바랍니다.

오현선 선생님

차 례

사회

01 콜포비아 확산, Z세대가 겪는 새로운 불안

세 줄 요약

전화 통화와 대면 소통을 어려워하며 콜포비아 증상을 호소하는 사람이 늘어나고 있다. 전문가들은 이 현상이 사회적 관계 형성에 부정적 영향을 미칠 수 있어, 적절한 지원이 필요하다고 주장한다.

Z세대를 중심으로 콜포비아 증상을 호소하는 사람이 늘어나고 있다. 콜포비아란 전화 통화나 대면 소통을 할 때 극심한 불안감을 느끼는 증상을 가리킨다. 어릴 때부터 인터넷, 스마트폰, 컴퓨터 등 디지털 기술과 함께 자라난 디지털 네이티브 세대인 Z세대는 디지털 기기를 이용한 비대면 소통에 익숙하다. 이로 인해 상대적으로 전화 통화를 하는 일에 대해 공포감을 느끼는 것이다. 해외의 한 설문조사에 따르면, Z세대 중 20~30%가 전화 통화를 할 때 마음이 불편하다고 답했다.

한국 역시 이러한 추세에서 예외가 아니다. 최근 연구에 따르면, 청소년과 대학생 등 젊은 층 사이에서 콜포비아 증상을 겪는 사람이 많아지고 있다. 이들은 문자나 카카오톡 등 텍스트를 통한 소통을 선호하고, 직접 대면하거나 전화 통화하는 것은 기피하는 경향을 보인다. 전문가들은 코로나19 펜데믹 기간 동안 비대면 소통이 일상화되면서 전화 통화를 하는 일에 대한 부담이 가중된 것이라고 분석한다.

콜포비아를 겪는 Z세대는 전화를 받는 것과 거는 것 모두를 어려워한다. 자신의 목소리가 상대에게 어떻게 들릴지 염려하기도 하고, 상대의 표정을 확인하지 못하니 자신감이 떨어진다고도 한다. 그래서 전화 소리가 울리면 화들짝 놀라거나, 일부러 전화를 받지 않는 경우도 많다. 심지어 전화가 오면 나쁜 소식일까 봐 무서워하는 사람들도 많다고 한다.

일부 심리 전문가들은 콜포비아가 현대인이 받는 커뮤니케이션 스트레스의 한 단면임을 지적하며, 이를 극복하기 위한 상담 및 교육 프로그램의 도입을 촉구하고 있다. Z세대의 소통 경험 부족이 사회적 관계를 형성하는 데 부정적인 영향을 미칠 수 있기 때문이다. 해외에서는 전화 받기 연습을 하는 세미나를 열기도 한다.

콜포비아 현상은 사회 전반의 소통 방식이 달라지고 있음을 보여준다. 이제 몇몇 개인이 겪는 문제로 치부할 일이 아닌 것이다. 비대면 환경에 익숙한 세대가 사회에 적응하도록 돕는 것은 개인의 몫이 아니라 사회 전체의 과제라는 목소리가 높아지고 있다.

1. 전화 통화나 대면 소통을 할 때 극심한 불안감을 느끼는 증상은?
2. 어릴 때부터 인터넷, 스마트폰, 컴퓨터 등 디지털 기술과 함께 자라난 세대를 부르는 말은?

1. 콜포비아를 겪는 사람이 늘어나는 이유는 무엇인가요?
2. 해외에서 콜포비아를 극복하기 위해 하고 있는 일은 무엇인가요?

콜포비아, 자연스러운 사회 변화다

최근 전 세계적으로 Z세대를 중심으로 나타나는 콜포비아 현상은 전화 통화나 대면 소통에 대해 느끼는 극심한 불안감으로 해석되기도 한다. 하지만 이는 디지털 네이티브 세대가 비대면 소통에 익숙해지면서 나타난 자연스러운 사회 변화일 뿐이다.

어릴 때부터 인터넷, 스마트폰, 컴퓨터 등 디지털 기술과 함께 자라난 디지털 네이티브 세대는 기존의 직접적인 소통 방식보다는 문자나 SNS 등 다양한 비대면 수단을 통해 소통하는 것이 자연스러운 환경에서 성장해 왔다.

따라서 전화 통화를 꺼리는 경향은 시대의 변화에 따라 나타난 적응 과정으로 볼 수 있다. 콜포비아 현상은 반드시 극복해야 할 문제가 아니라, 새로운 소통 방식이 자리 잡는 과정에서 일어난 자연스러운 변화임을 인정할 필요가 있다.

콜포비아, 소통을 위해 극복해야 한다

전 세계적으로 Z세대를 중심으로 확산되고 있는 콜포비아 현상은 디지털 네이티브 세대가 비대면 소통에 익숙해지면서 나타난 부작용이다. 어릴 때부터 인터넷과 스마트폰 등 디지털 기기와 함께 자라온 이들이 전화 통화나 대면 소통을 할 때 극심한 불안감을 경험하고 있다.

전화 통화에 대한 불안감을 극복하고 원활한 소통 능력을 회복하기 위해서는 체계적인 훈련과 실질적인 연습이 필요하다. 해외에서는 이미 전화 받기 연습 세미나와 같은 프로그램을 통해 실전 상황을 모의 연습하며 자신감을 되찾은 사례가 보고되고 있다.

전화 통화도 중요한 소통 방식 중 하나이다. 원만한 사회 생활을 위해서라도 콜포비아를 극복하기 위해 노력해야 한다.

생각 정리하기

1. 여러분도 콜포비아 현상을 겪어 보았나요?
2. 전화 통화가 꼭 필요한 상황을 떠올려 보세요.
3. 콜포비아 현상을 극복하려면 어떻게 해야 할지 구체적 방법을 떠올려 보세요.
4. 콜포비아 현상은 자연스런 사회 흐름인지, 극복해야 할 개인적인 문제인지 생각해 보세요.

정답 어휘 알기 1. 콜포비아 2. 디지털 네이티브 기사 이해 1. 텍스트 소통을 선호하는 세대가 늘어났고, 코로나19 펜데믹을 거치며 비대면 소통이 일상화되었기 때문이다. 2. 전화 받기 연습 세미나 등

02 저출생 문제, 새로운 대안이 필요해

세 줄 요약

한국의 저출생 현상은 경제 성장과 사회 복지 시스템에 큰 위협을 주고 있으며, 출산 장려 정책이 부족한 면이 있다. 정부는 더 적극적인 방안을 마련해 저출생 문제를 해결해야 한다.

저출생 현상은 우리 사회가 해결해야 할 중요한 과제가 됐다. 저출생이란 한 나라에서 태어나는 아기의 수가 너무 적어, 인구가 감소하는 현상을 말한다. 한국의 합계 출산율은 2024년 기준으로 0.75명이다. 합계 출산율은 한 명의 여성이 평생에 걸쳐 낳을 아기 수를 뜻하는데, 이 수치가 1명도 채 되지 않는 것이다. 이는 전 세계에서 가장 낮은 수준이다.

저출생 문제는 한국의 미래에 큰 위협이 된다. 출산율이 낮아지면 일할 수 있는 젊은 세대의 수가 줄어들어 노동력이 부족해진다. 이는 경제 성장에 부정적인 영향을 끼친다. 또한 고령화 사회가 되면 사회 복지 체계에 큰 부담이 생긴다. 노인이 많아지면 연금을 받는 사람이 늘어나고 병원에서 치료를 받아야 할 환자도 많아진다. 줄어든 젊은 세대가 내는 세금과 보험료로 이를 감당하기가 어려워지는 것이다.

한국 정부는 저출생 문제를 해결하기 위해 다양한 정책을 펼치고 있다. 먼저, 출산을 장려하기 위한 경제적 지원을 강화하고 있다. 예를 들면 일하는 부모에게 육아 휴직과 출산 휴가를 지원한다. 일하는 부모가 일과 가정의 균형을 맞출 수 있는 환경을 조성하는 것이다. 또 어린이집과 유치원 보육료를 지원하고, 아동 수당을 지급하여 양육 부담을 덜어 준다. 저소득 가구에는 출산과 양육에 필요한 비용을 더 지원하는 정책도 시행 중이다.

그러나 이러한 정책이 실제로 저출생 문제를 해결하기에는 부족한 면이 있다. 왜냐하면 많은 청년들이 불안정한 일자리와 높은 주거 비용 때문에 결혼과 출산을 미루고 있기 때문이다. 출산과 양육에 드는 경제적 부담을 줄이기 위한 더 적극적인 방안과, 고용 안정을 보장하는 제도 마련이 필요하다. 또 여성들이 아이를 키우면서 경력 단절 없이 일을 계속할 수 있는 환경이 만들어져야 한다.

저출생 문제는 국가의 미래에 큰 영향을 끼친다. 사람들이 아이를 낳고 키울 결심을 하게 만들기 위해서는 실질적으로 도움이 되는 정책이 필요하다. 뿐만 아니라, 사회 구성원 모두가 아이를 키우기 좋은 사회를 만드는 데 동참해야 한다.

1. 한 나라에서 태어나는 아기의 수가 너무 적어, 인구가 감소하는 현상은?
2. 한 명의 여성이 평생에 걸쳐 낳을 아기 수를 뜻하는 용어는?

1. 현재 우리나라에서 시행하는 저출생 대책은 무엇이 있나요?
2. 우리나라에서 강화하면 좋을 저출생 대책은 무엇이 있나요?

저출생 문제, 사회에 큰 위협이 된다

한국의 저출생 현상은 심각한 사회적 이슈다. 한국의 합계출산율은 2024년 기준 0.75명으로 세계에서 가장 낮은 수준을 기록하고 있다. 이는 고령화 사회로의 빠른 진입을 예고하는 수치다.

저출생 현상은 단순히 출산율이 저조하다는 문제로 끝나지 않는다. 경제 성장에 부정적인 영향을 끼치고 사회 복지 시스템에 큰 부담을 주는 문제로 이어진다. 저출생 문제를 해결하지 않으면 노동력 부족으로 경제 성장이 느려지고, 고령화로 인해 사회 복지 비용이 급증할 것이다.

정부는 저출생 문제를 해결하기 위해 출산 장려 정책을 강화하고 육아 휴직, 보육료 지원, 고용 안정성을 보장하는 정책을 보다 적극적으로 펼쳐야 한다. 이를 해결하기 위한 정부의 적극적인 대책과 사회 전반의 협력이 필요하다.

저출생 문제, 경제적 부담을 초래하는 주된 원인이 아니다

최근 저출생 문제를 우려하는 목소리가 많이 나오고 있지만, 저출생 현상이 반드시 심각한 문제라고 여기기는 어렵다. 1인 가구를 위한 소형 가전제품, 개인 맞춤형 서비스의 증가와 같은 소비 트렌드의 변화를 눈여겨보아야 한다. 1인 가구의 확대가 한국 경제에 새로운 성장 기회가 될 수 있는 것이다.

또한, 한국은 이미 높은 수준의 기술과 효율성을 자랑하는 사회다. 노동력 부족을 자동화와 인공지능을 통해 해결할 수 있다. 노동력 부족 문제를 극복할 실마리를 이미 갖춘 것이다.

기업과 정부는 저출생 현상을 새로운 기회로 삼을 필요가 있다. 기술 혁신과 맞춤형 서비스 시장의 확대를 통해 새로운 성장의 길을 열어야 한다. 저출생 현상은 새로운 미래로 나아가기 위한 전환점이 될 수 있다.

■ 생각 정리하기 ·

1. 사설1에서 저출생 현상이 사회 복지 비용의 증가로 이어진다고 했습니다. 출산율이 떨어지고 노년층이 많아지면 어떤 복지 비용이 늘어날까요?

2. 사설2에서 저출생 현상으로 인한 노동력 문제를 어떻게 해결할 수 있다고 했나요?

3. 저출생 문제가 사회에 큰 위협이 된다고 주장하는 입장과, 새로운 기회가 될 것이라고 주장하는 입장 중 어느 쪽이 더 설득력 있다고 생각하나요? 그 이유는 무엇인가요?

정답 어휘 알기 1. 저출생 2. 합계출산율 기사 이해 1. 육아 휴직, 출산 휴가 등 2. 청년층에 안정된 일자리 제공하기 등

03 반려동물 양육 가구 증가, 동물 복지 생각해야 할 때

세 줄 요약

반려동물 양육 가구가 증가하면서 관련 시장이 커지고 있다. 동시에 동물의 권리에 대한 관심이 높아지고 있다. 하지만 동물등록제에 대한 이해와 참여가 여전히 부족해, 홍보와 교육을 확대해야 한다.

　한국에서 반려동물을 키우는 가구 수가 크게 늘어나고 있다. 2024년 기준으로 반려동물을 키우는 가구는 전체 가구의 약 28.6%로, 역대 가장 높은 수치를 기록했다. 반려동물을 키우는 가구 수가 증가하면서 관련 시장도 급속도로 성장하고 있다. 펫보험, 호텔, 장례 등 반려동물 서비스가 빠르게 늘고 있으며 전문화되는 추세다. 사람들은 반려동물을 위한 다양한 상품과 서비스를 적극적으로 소비한다.

　반려동물을 키우는 데 드는 비용 역시 늘고 있다. 통계에 따르면 이 비용은 월평균 14만 2천 원으로 집계되었으며, 그중 병원비가 가장 큰 비중을 차지했다. 특히 개의 경우 한 달 평균 17만 원 이상이 드는 것으로 나타났다. 이는 고양이보다 상대적으로 많은 비용이다. 반려동물을 키우며 드는 경제적 부담이 크다고 호소하는 사람들도 많은 것이 현실이다.

반려동물을 입양하는 방법도 다양해지고 있다. 조사 결과, 지인을 통해 무료로 분양받는 경우가 가장 많았다. 펫숍에서 분양받는 경우와 동물 보호시설에서 입양하는 경우가 뒤를 이었다. 특히 보호시설을 통한 입양 비율이 전년보다 증가했다. 이는 동물 복지에 대한 관심이 많아졌음을 보여 준다.

이에 맞추어, 관련 제도에 대한 인식도 점차 개선되고 있다. 2014년 도입된 '동물등록제'가 대표적인 사례다. 동물등록제는 반려동물이 유기될 경우 빠르게 주인을 찾아 주는 제도다. 이를 이용하는 사람들이 늘어났지만, 여전히 이 제도를 알지 못하거나 알면서도 등록하지 않은 사람들이 많다. 동물등록제에 대한 홍보와 교육이 강화되어야 한다는 목소리가 커지고 있다.

반려동물을 키우는 것은 이제 한국 사회를 설명할 때 빼놓을 수 없는 문화로 자리 잡았다. 반려동물 관련 산업은 앞으로도 성장할 전망이며, 이에 따라 동물 복지와 보호에 대한 사회적 책임도 함께 커지고 있다. 반려동물이 행복하고 안전하게 지낼 수 있는 환경을 마련하기 위해서는 동물 보호에 대한 바른 인식을 널리 퍼뜨려야 한다. 전문가들은 반려동물과 사람이 함께 더불어 사는 문화를 만들기 위한 노력이 필요하다고 강조한다.

1. 반려동물이 유기될 경우 빠르게 주인을 찾아 주는 제도는?

1. 반려동물을 동물 보호시설에서 입양하는 비율이 높아진 것을 통해 무엇을 알 수 있나요?
2. 동물등록제와 관련하여 어떤 점이 개선되어야 한다고 했나요?

오늘의 사설 1

반려동물 입양, 더 많은 절차가 필요하다

최근 한국에서 반려동물 양육 가구가 급격히 많아지고 있다. 이제 반려동물은 단순한 애완동물이 아닌, 가족의 일원으로 여겨지고 있다.

그러나 반려동물 입양은 큰 책임을 동반하기 때문에 더욱 철저한 절차와 기준이 필요하다. 반려동물을 쉽고 편하게 입양하는 문화는 무책임한 선택을 허용해, 반려동물 유기나 파양이 늘어날 수 있기 때문이다.

이를 막기 위해서는 입양 과정에서 입양자가 반려동물을 키우기에 충분한 책임감을 갖추고 있는지 확인하는 절차가 필요하다. 입양 전 상담이나 기본 교육을 의무화하면 무책임한 입양을 줄일 수 있을 것이다. 특히 동물 보호소에서는 입양자에게 필요한 정보와 교육을 제공해 반려동물에 대한 이해와 책임감을 높여야 한다. 전문가들은 반려동물과 사람이 오래 함께하기 위해서는 이러한 노력이 큰 도움이 될 것이라고 강조한다.

반려동물 입양, 자유로운 선택이 더 중요하다

최근 한국에서 반려동물 양육 가구가 급증하고 있다. 2024년 기준 전체 가구 수의 약 28.6%에 달했다. 이제 많은 가정에서 반려동물은 가족의 일원으로 받아들여지고 있다.

반려동물 입양은 자유로운 선택을 통해 이루어져야 한다. 너무 많은 절차나 요구사항이 있으면 사람들은 반려동물 입양을 꺼리게 될 것이다. 동물 보호소에서 장기간 머무르다 안락사를 당하는 동물이 늘어나는 결과를 낳을 수 있다.

입양 과정에 불필요한 제한을 두기보다는, 사람들이 스스로 책임감을 가지고 입양할 수 있도록 유도하는 것이 중요하다. 이를 위해서는 동물 보호소에서 입양을 원하는 사람들에게 적극적인 지원을 아끼지 않아야 한다. 입양 후 교육과 관리를 충분히 제공하는 방식으로, 반려동물과 사람 간의 건강한 관계를 유지하게 해야 한다.

생각 정리하기

1. 반려동물 양육 가구가 점점 늘어나고 있는 이유는 무엇일까요?

2. 우리나라는 어떤 절차로 반려동물을 입양할 수 있는지 기사와 사설1, 2의 내용을 바탕으로 정리해 보세요.

3. 반려동물을 입양하는 바람직한 방식이 무엇이라고 생각하는지, 이유와 함께 정리해 보세요.

정답 **어휘 알기** 1. 동물등록제 **기사 이해** 1. 사람들이 동물 복지에 대한 관심이 많아졌다는 것을 알 수 있다. 2. 아직 모르거나 등록하지 않은 사람이 많아 홍보와 교육을 강화해야 한다.

04

4년 9개월 만에 사형 집행한 대만, 한국은?

세 줄 요약

대만이 4년 9개월 만에 사형을 집행했다. 한국은 1997년 이후 사형 집행이 중단돼 '실질적 사형 폐지국'으로 분류된다. 현재도 사형 제도 존폐를 놓고 활발한 논의가 이어지고 있다.

대만에서 4년 9개월 만에 사형이 집행되었다. 2025년 1월, 대만 법무부 장관은 한 사형수에 대한 사형 집행 명령서에 서명했다. 같은 날 바로, 타이베이 구치소에서 총살형이 이루어졌다. 이는 2020년 4월 이후 처음으로 집행된 사형으로, 새 정부가 출범된 이후 기록된 첫 사례이기도 하다.

이 사형수는 2013년 군 복무 중 주변인을 살해하는 범죄를 저질러 2017년 사형을 선고받았다. 사형 선고를 받은 후 6년 만에 형이 집행된 것이다. 해당 범죄 사건은 대만 사회에 큰 충격을 주어, 엄벌을 요구하는 목소리가 많았다.

대만 안에서도 사형 제도를 둘러싼 논쟁이 끊이지 않는다. 사형을 지지하는 시민들은 살인을 저질렀다면 목숨을 빼앗기는 벌을 받아야 마땅하다는 입장이다. 반면, 반대하는 사람들은 정치적 목적의 집행이라며 비판한다. 인권 단체와 국제 엠네스티는 우려를 표했고, 유럽연합은 대만 정부에 사형 제도 폐지로 나아가기 위한 일관된 정책을 추진하라고 요구했다.

그렇다면 한국은 어떨까? 한국의 사형 제도는 조선 시대부터 있었다. 조선은 범죄에 대해 엄격히 처벌했으며 사형은 중요한 형벌 중 하나였다. 그러나 현대 사회에 들어서며 생명권 침해에 대한 논란이 커지면서, 사형을 반대하는 목소리가 늘어났다.

실제로 한국은 1997년 12월 30일, 23명에게 사형을 집행한 것을 마지막으로 현재까지 사형이 중단된 상태다. 이 때문에 한국은 '실질적 사형 폐지국'으로 분류된다. 유엔은 한국 정부에 실제로 사형제를 폐지할 것을 여러 차례 권고해 왔고, 국회에서는 사형을 폐지하기 위한 법안이 꾸준히 발의되고 있다.

사형 제도 폐지를 두고 많은 사람들이 여전히 첨예하게 대립하고 있다. 일부는 생명권 보호를 이유로 사형 제도 폐지를 주장하지만, 다른 사람들은 강력 범죄 억제를 위해 사형 제도를 유지해야 한다는 입장이다. 사형을 둘러싼 논의는 우리 사회가 어떤 가치를 우선해야 할지에 대해 중요한 물음을 던지고 있다. 이는 정의를 실현하기 위해 강한 처벌과 인간 존엄의 보전 중 어느 쪽에 더 무게를 두어야 하는지의 문제와도 관련이 있다.

1. 범죄자가 매우 중대한 범죄를 저질렀을 때, 그 죄에 대해 사망을 처벌로 내리는 법적 제도는?
2. 법에는 사형 제도가 남아 있지만 실제로는 오랫동안 사형을 집행하지 않은 나라를 부르는 말은?

1. 최근 대만이 사형을 집행한 것을 두고 유럽연합은 어떤 요구를 했나요?
2. 한국의 마지막 사형 집행일은 언제인가요?

사형 제도는 유지되어야 한다

대만이 4년 9개월 만에 사형을 집행했다. 사형수는 2013년 군 복무 중 범죄를 저질렀고, 2017년 사형을 선고받았다. 국제 사회는 대만이 사형 제도를 집행한 것을 두고 비판의 목소리를 높이고 있다.

그러나 극악한 범죄자에게는 그에 상응하는 처벌이 필요하다. 사형을 통해 범죄자에게 책임을 묻는 것은 사회 전체의 법 질서를 지키기 위한 일이다. 또한 사형 제도는 무거운 형벌로, 사람들에게 두려움을 줌으로써 범죄를 예방하는 효과가 있다.

따라서 사형 제도는 여전히 필요한 법적 장치다. 범죄자가 저지른 범죄에 대해 합당한 처벌을 내려 사회를 안전하게 지키고, 피해자를 위한 정의를 실현할 수 있기 때문이다. 정부는 사형 제도의 필요성을 다시 확인하여 사형 제도를 유지해야 한다.

사형 제도는 인권 침해다

대만에서 사형이 집행되었다. 법무부 장관의 서명으로 한 사형수의 사형이 확정되었고, 같은 날 사형이 집행되었다. 이는 새 정부 들어서 처음 이루어진 사형 집행 사례다.

사형 제도는 사람의 목숨을 빼앗는 형벌이기 때문에, 인간이라면 누구나 가진 기본적인 권리를 침해한다. 범죄를 저지른 사람에게도 인권이 있는데 사형은 그 권리를 부정하는 처벌인 셈이다. 또한 억울한 사람에게 사형을 잘못 집행할 위험성도 존재한다. 이미 많은 나라들이 사형 제도를 폐지했다. 대만도 이제는 사형 제도를 없애야 한다.

한국 또한 사형 제도 폐지 논의를 더욱 심도 깊게 다뤄야 한다. 실질적으로 사형을 폐지함으로써 사람의 생명과 존엄을 존중하는 방향으로 나아갈 필요가 있다.

생각 정리하기

1. 사형 집행이 피해자를 위한 정의를 실현하는 방법이라는 의견에 대해 어떻게 생각하나요?
2. 사형 제도의 가장 큰 문제는 무엇일까요?
3. 한국의 사형 제도에 대한 입장을 정리해 보세요.

정답 **어휘 알기** 1. 사형 제도 2. 실질적 사형 폐지국 **기사 이해** 1. 사형 제도 폐지로 나아가기 위한 일관적인 정책을 펴라고 요구했다. 2. 1997년 12월 30일

05 늘어나는 초등학생 범죄, 촉법소년 기준 바뀔까?

세 줄 요약

최근 초등학생 범죄가 증가하면서 촉법소년 연령 하향에 대한 논의가 이어지고 있다. 초등학생 범죄를 근본적으로 해결하기 위해서는 사회적 환경을 개선해야 한다.

　최근 몇 년 간 초등학생이 저지르는 범죄가 급격히 늘고 있다. 2025년에는 초등학생들이 수개월에 걸쳐 반복적으로 무인 아이스크림 매장에서 절도 행각을 벌인 사건이 있었고, 2024년에는 서울의 한 아파트에서 11세 학생이 경비원을 폭행해 충격을 주었다.

　이렇듯 범죄의 빈도가 높아질 뿐 아니라 범죄 내용도 점점 심각해지면서, 초등학생 범죄를 주의 깊게 다루어야 하는 상황이 됐다. 전문가들은 최근 일어나는 초등학생 범죄가 단순한 호기심이나 장난으로 보기 어려운 수준이라고 지적한다.

이에 따라, 촉법소년 연령 하향에 대한 논의가 이어지고 있다. 촉법소년이란 만 10세 이상 14세 미만의 미성년자로, 형사처벌 대신 소년법에 따른 보호처분을 받는다. 법원은 적절한 교정과 교육을 제공해 이들이 다시 범죄를 저지르지 않게 하고 있다. 촉법소년 제도는 1953년에 생긴 이후로 지금까지 유지되고 있다. 당시에는 청소년이 미성숙하다고 판단하여 그들에게 형사책임을 지우지 않았던 것이다. 그러나 오늘날에도 이 기준이 타당한지에 대한 의견이 분분하다.

한쪽에서는 촉법소년 연령을 낮춰야 한다는 주장이 힘을 얻고 있다. 2022년 10월 법무부는 촉법소년의 연령을 만 13세로 하향 조정하는 방안을 검토했으나, 국회에서 통과되지 못했다. 일부 전문가들은 연령을 낮추는 것이 범죄를 줄이는 데 효과적인 조치라고 주장한다. 반면 다른 쪽에서는 연령을 낮추는 것만으로는 문제 해결에 한계가 있다고 지적한다. 청소년 범죄를 줄이기 위해서는 충분한 교육을 제공하고 사회적 환경을 개선하는 등 종합적인 대책이 필요하다는 것이다.

연령을 낮추는 것만으로 범죄가 줄어들 것이라고 단정할 수는 없다. 그러나 범죄를 저지른 초등학생에게 일정한 법적 책임을 지우는 장치는 필요하다. 그렇게 해야 아이들 스스로 자신의 행동이 단순한 장난이 아니라 범죄라는 사실을 분명히 인식할 수 있기 때문이다. 이와 동시에 범죄를 저지른 초등학생에게 충분한 교육과 상담, 가정과 학교의 지원을 뒷받침해 주어 다시 사회에 적응할 수 있게 해야 한다.

1. 만 10세 이상 14세 미만으로, 형사처벌을 받지 않는 사람을 부르는 말은?

1. 촉법소년은 형사처벌 대신 어떤 조치를 받나요?
2. 촉법소년의 범죄를 줄이기 위해 법적 책임도 중요하지만 동시에 무엇이 필요하다는 의견이 있나요?

촉법소년 연령 하향을 반대한다

초등학생의 범죄가 증가하고 있다. 이에 따라, 촉법소년의 연령을 하향해야 한다는 의견이 제기되고 있다.

그러나 초등학생 범죄는 단순히 법적 책임을 강화하는 것만으로는 근본적인 해결이 어렵다. 아이들이 범죄에 노출되는 이유에는 가정과 학교, 또래 관계, 미디어 환경, 사회 양극화 등 다양한 요인이 얽혀 있기 때문이다.

요인이 복잡한 만큼, 초등학생 범죄율을 낮추려면 가정에서도 아이에게 관심을 주고, 학교와 지역 사회는 상담과 예방 프로그램을 적극적으로 운영할 필요가 있다.

촉법소년 연령을 하향하는 것보다 중요한 것은 체계적인 교육과 안전한 사회적 환경을 마련하는 일이다. 따라서 촉법소년 연령을 낮추는 것은 신중히 고려해야 한다. 처벌보다 교육과 지원을 통해 아이들을 건강히 키워야 사회도 건강해질 것이다.

촉법소년 연령 하향이 필요하다

최근 초등학생 범죄가 증가하는 가운데, 촉법소년 연령을 하향해야 한다는 주장이 점차 강해지고 있다.

초등학생 범죄가 심각해지는 만큼, 촉법소년 연령을 하루빨리 낮출 필요가 있다. 그렇게 해야 아이들도 마땅한 법적인 책임을 지고 반성하게 되어, 다시 범죄를 일으키는 일을 줄일 수 있다. 물론 현재 연령 기준은 어린 학생들은 아직 올바른 판단력을 충분히 갖추지 못했다는 점을 고려해 마련된 것이 맞다. 하지만 보호처분만으로는 뿌리 뽑히지 않는 범죄가 늘어가고 있어 처벌과 예방을 함께 강화해야 한다.

촉법소년 연령 하향은 초등학생 범죄를 해결하는 출발점이 될 것이다. 정부는 빠른 시일 내에 연령 하향을 위한 법적 절차를 마련해야 한다. 또한, 범죄 예방 교육과 상담 제도를 정비해 아이들이 사회로 돌아올 수 있도록 해야 한다.

생각 정리하기

1. 초등학생과 청소년이 저지른 범죄가 점점 늘어나는 이유는 무엇일까요?

2. 촉법소년 연령을 낮추면 생길 문제는 무엇일까요?

3. 촉법소년 연령을 낮춘다면, 몇 세로 낮추어야 한다고 생각하는지 이유와 함께 정리해 보세요.

정답 어휘 알기 1. 촉법소년 기사 이해 1. 소년법에 따른 보호처분 2. 교육과 사회적 환경 개선 등 종합적인 대책이 필요하다.

06 사이버불링, 더 이상 개인의 문제가 아니다

세 줄 요약

사이버불링은 피해자에게 심각한 정신적 고통을 준다. 가해자에 대한 법적 처벌을 강화하고 재범을 막는 프로그램을 도입하는 등 효과적인 대처가 필요하다.

　　청소년 사이에서 일어나는 사이버불링이 심각한 사회 문제가 되었다. 사이버불링은 인터넷과 SNS를 통해 다른 사람을 지속적으로 괴롭히거나 모욕하는 행위를 의미한다. 한 중학생이 단체 채팅방에서 외모를 조롱하는 합성 사진이 퍼져 등교를 포기한 사건이 있었다. 한 고등학생이 온라인 게임에서 집단적으로 협박을 받아 경찰에 신고한 사례도 있다. 이러한 실제 사례들은 사이버불링이 개인의 문제를 넘어 사회 질서를 위협하는 현상임을 보여 준다.

　　사이버불링은 피해자의 일상생활과 정신 건강에 심각한 영향을 미친다. 신체적 폭력과 달리, 사이버불링 피해자는 가해자가 시간과 장소에 상관없이 접근할 수 있다는 점에서 더 위협적이다. 또한 사이버공간에서 발생하는 괴롭힘은 피해자가 가해자를 완전히 피할 방법이 거의 없다는 점에서 심리적인 압박이 더욱 크다. 피해자가 계정을 바꾸거나 로그아웃해도 가해자가 피해자를 찾아낸 사례도 있다. 사이버불링은 피해자에게 심각한 자존감 상실과 우울증을 유발할 수 있다.

우리나라는 사이버불링에 대응하기 위해 여러 가지 법적·교육적 조치를 취하고 있다. 대표적으로, 정보통신망법은 온라인상의 명예훼손과 모욕 등 불법행위를 처벌하도록 규정하고 있다. 또한 학교에서는 피해 학생들에게 상담·신고 지원을 제공하고 있다. 그럼에도 불구하고, 법과 제도가 현장의 변화를 충분히 이끌어 내지 못하고 있다는 지적이 나온다.

따라서 사이버불링 문제를 근절하기 위해서는 보다 효과적인 대처가 필요하다. 우선, 사이버불링 예방 교육을 더욱 강화하여 청소년들이 온라인에서의 활동에 대해 책임감을 갖도록 해야 한다. 또 피해자를 돕는 사회적 시스템을 확대해, 누구나 쉽게 도움을 요청할 수 있는 환경을 마련해야 한다. 마지막으로, 가해자에 대한 법적 처벌을 강화하고 재범을 막기 위한 프로그램을 도입하는 것도 중요한 과제다.

사이버불링은 더 이상 가볍게 여겨서는 안 될 문제다. 청소년들이 건강하고 안전한 온라인 환경에서 성장할 수 있도록 사회 전체의 관심과 노력이 필요하다.

1. SNS를 통해 다른 사람을 지속적으로 괴롭히거나 모욕하는 행위를 부르는 말은?

1. 사이버불링이 신체 폭력보다 더 위협적인 이유는 무엇이라고 했나요?
2. 한국의 학교에서는 사이버불링에 어떻게 대처하고 있나요?

사이버불링, 더 강력한 법적 대응이 필요하다

최근 사이버불링 문제가 청소년들에게 심각한 피해를 안기고 있다. SNS에서 발생하는 괴롭힘은 피해자의 일상과 학업에 큰 지장을 주고, 심지어 피해 학생이 극단적인 선택을 하게 만들기도 한다.

사이버불링을 해결하기 위해서는 기존의 대응을 넘어서 더 강력한 법적 처벌과 예방 조치가 필요하다. 지금도 정보통신망법에 따라 처벌을 내릴 수 있지만, 실제로 가해자가 법적 책임을 지는 경우는 드물다. 이 때문에 사이버불링은 그 심각성에 비해 가벼운 처벌을 받는 것으로 그치는 사례가 많다.

따라서 가해자에 대한 법적 처벌을 강화하고 처벌 수위를 높여, 가해자가 실제로 책임을 지도록 해야 한다. 그래야 청소년들이 온라인에서도 다른 사람을 괴롭히면 처벌받는다는 경각심을 가질 수 있다.

사이버불링, 예방 교육을 강화해야 한다

청소년들의 사이버불링 문제가 여전히 심각하다. SNS와 온라인 게임에서 발생하는 괴롭힘은 피해자에게 극심한 스트레스를 안겨 준다.

사이버불링을 예방하려면 청소년들이 온라인에서 스스로 책임감을 가질 수 있도록 교육을 강화해야 한다. 단순히 법적 처벌을 강화하기보다는, 인터넷과 SNS를 사용할 때 갖추어야 할 윤리적 책임을 가르치는 것이 중요하다. 온라인에서도 오프라인과 마찬가지로 타인을 존중하고 배려하는 태도를 갖게 하는 교육이 필요하다.

사이버불링을 근절하려면 사회 전체의 노력이 필요하다. 정부, 학교, 부모가 함께 협력해 청소년들에게 올바른 인터넷 사용 습관을 가르쳐야 한다. 또, 피해자가 신속하게 지원받을 수 있는 지원 체계를 마련해야 한다.

생각 정리하기

1. SNS를 통해 친구를 괴롭히는 사례를 들은 적 있나요?

2. 사이버불링을 당하는 친구가 있다면 주변에서 어떻게 도와야 할까요?

3. 법적 책임을 강화하는 것과 예방 교육을 철저히 하는 것 중 어느 쪽이 더 중요할지, 이유와 함께 정리해 보세요.

정답 어휘 알기 1. 사이버불링 기사 이해 1. 시간과 장소에 상관없이 피해자에게 접근할 수 있어서 2. 피해 학생들에게 상담·신고 지원을 제공하고 있다.

07 초등학생도 화장을 한다고요?

세 줄 요약

학생들이 화장을 시작하는 연령이 낮아졌다. 그러나 사춘기에는 피부가 민감해 특별히 주의가 필요하다. 겉모습뿐 아니라, 마음도 건강하게 가꾸어야 한다.

　화장을 하는 중·고등학생이 많아지더니, 최근에는 색조 화장을 하고 다니는 초등학생이 늘어나고 있다. 색조 화장은 파운데이션, 아이섀도, 립스틱 등으로 색을 더해 얼굴을 생기 있게 꾸미는 화장을 말한다.

　한 조사 결과, 초등학생 10명 가운데 1명 꼴로 색조 화장을 한다고 답했다. 화장을 하는 학생 대부분은 5학년 이상의 고학년이다. 중학생과 고등학생 중 화장을 하는 학생들도 점점 더 많아지고 있으며, 10명 중 3명 가까이 색조 화장을 한다고 답했다.

이처럼 화장을 하는 연령대가 낮아지는 이유는 저렴한 화장품이 많아졌기 때문이다. 다이소 등 생활용품점에서는 1,000원짜리 화장품을 살 수 있다. 온라인 쇼핑몰에서도 저렴한 색조 화장품을 판매한다. 그래서 학생들도 부담 없이 접근할 수 있는 것이다.

그러나 일부 전문가는 이에 대해 우려를 나타낸다. 중·고등학생은 물론 초등학생도 사춘기로 접어들며 호르몬 변화가 많이 일어나, 피부가 민감해질 수 있기 때문이다. 따라서 화장품을 구입하기 전에는 샘플을 사용해 알레르기 반응이 없는지 미리 확인해야 한다. 또한 어린 학생들은 친구와 화장품을 함께 쓰는 경우가 많은데, 오염 위험이 커 주의가 필요하다.

화장품에 들어 있는 성분도 반드시 확인해야 한다. 국내 제품은 판매 전에 검증을 거치지만, 온라인에서 구입한 해외 제품은 기준이 달라 문제가 생길 수 있다.

초등학생이 화장을 하는 경우, 외모에 지나치게 신경을 쓰고 있을 가능성이 있어 고민이 필요하다. 예쁘게 보이고 싶은 마음이 드는 것은 자연스러운 일이다. 하지만 외모 지상주의의 영향을 받아 외모를 치장하는 데만 너무 많은 시간을 쓰고 있다면 스스로를 되돌아보아야 한다.

진정한 아름다움은 겉모습뿐만 아니라 자신감과 인격 등 내면에서 나온다는 점을 잊지 말아야 한다. 사춘기를 지나 청소년기에 들어서는 만큼, 외모뿐 아니라 마음도 건강하게 가꾸는 자세를 갖출 필요가 있다.

어휘 알기

1. 사람이나 사회가 외모를 가장 중요한 가치로 여겨 다른 특성이나 능력보다 외모를 우선시하는 태도를 가리키는 말은?

기사 이해

1. 색조 화장을 하는 연령대가 낮아지고 있는 이유는 무엇인가요?
2. 이른 나이에 화장하면 어떤 문제가 생길 수 있나요?

오늘의 사설 1

너무 이른 화장, 청소년의 건강을 해친다

중·고등학생이 화장을 시작하는 나이가 점점 어려지더니, 초등학생이 색조 화장을 하는 사례가 늘고 있다.

그러나 이른 나이에 화장을 하면 피부 건강을 해칠 수 있다는 우려의 목소리가 나오고 있다. 청소년기는 호르몬 변화가 활발한 시기라 피부가 민감하다. 이 때문에 알레르기나 트러블이 생길 위험이 크다. 저가 화장품은 품질이 보장되지 않아 안전성 문제도 있다.

또한 어린 시절부터 화장을 생활의 일부로 받아들이면, 스스로를 꾸미지 않았을 때 불안해지는 습관이 생길 수 있다. 어린 나이에 외모 지상주의의 영향을 많이 받으면 성격이나 실력보다 겉모습으로 평가받으려는 태도가 강화되기도 쉽다.

따라서, 학생들 스스로가 화장을 시작하는 시점에 대해 더욱 신중하게 생각할 필요가 있다. 부모와 학교도 함께 지침을 제공해야 할 시점이다.

화장은 청소년의 자신감과 개성을 키워 준다

청소년이 화장을 시작하는 나이가 갈수록 일러지고 있다. 초등학생의 10%가 색조 화장을 한다는 조사 결과도 있다.

이를 우려하는 사람들도 있다. 하지만 화장은 청소년이 자신감을 높이고 개성을 표현하는 수단이 될 수 있다. 단순한 외모 치장이 아니라, 자아를 성장시키는 데에도 도움이 되는 것이다. 화장으로 스스로를 꾸미는 경험을 한 것이 또래 사이에서 공통 관심사가 되어 친밀감을 쌓기도 한다.

이러한 긍정적인 면을 고려할 때, 청소년이 화장하는 것을 부정적으로 볼 수만은 없다. 특히나 또래 문화에서 화장이 이미 중요한 요소가 되었기 때문에 무작정 화장을 금지하는 것은 큰 반발을 불러올 수 있다. 청소년에게 올바른 사용법과 피부 관리 방법을 알려 주는 것이 현실적인 해법이다.

■ **생각 정리하기**

1. 초등 고학년부터 화장을 시작하면 어떤 장단점이 있을까요?

2. 화장은 몇 살부터 하는 것이 적당할까요?

3. 외모 지상주의에 빠지지 않으려면 어떻게 해야 할까요?

08 안락사 캡슐 등장, 존엄사 논란 다시 불붙다

세 줄 요약

스위스에서 개발된 안락사 캡슐 때문에 안락사에 대한 논의가 다시 활발해지고 있다. 안락사는 윤리적 문제로 인해 각국에서 찬반 논란이 있으며, 신중한 사회적 합의가 필요하다.

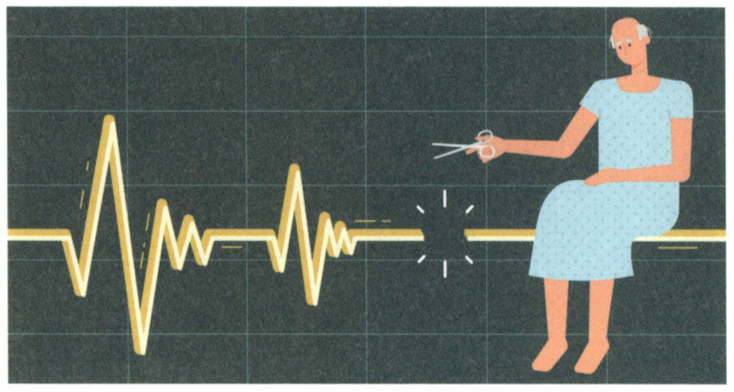

스위스에서 안락사 캡슐이 개발되었다. 버튼 하나만 누르면 고통 없이 짧은 시간 안에 생을 마감할 수 있도록 설계된 장치다. 안락사 캡슐이 개발되었다는 소식은 전 세계에 안락사 논쟁을 불러일으켰다.

안락사는 불치병이나 극심한 고통에 시달리는 환자가 의료진의 도움을 받아, 존엄하게 생을 마감하는 것을 말한다. 안락사에 대한 논의는 오래전부터 이어져 왔지만, 생명 존중과 윤리 문제로 인해 여전히 첨예한 논쟁이 벌어지고 있다. 의료 기술이 발전하면서 과거보다 훨씬 오래 살 수 있게 된 현대 사회에서는, 단순히 오래 사는 것보다 어떻게 삶을 마무리할 것인가가 더 중요한 문제가 되고 있다.

안락사가 합법화된 국가는 네덜란드, 벨기에, 캐나다, 스위스, 콜롬비아, 룩셈부르크, 스페인 등이다. 이들 국가는 엄격한 절차를 거쳐 안락사를 허용한다. 예를 들어 네덜란드는 불치병으로 인한 극심한 고통, 회복 불가능한 상태, 환자의 명확한 의사 표현 등을 조건으로 규정하고 있다.

반면 대부분의 국가는 안락사를 불법으로 규정한다. 종교적 신념, 생명 존중 사상, 의료 윤리 등을 이유로 반대한다. 안락사가 악용될 가능성, 사회적 약자에 대한 차별, 생명 경시 풍조 확산에 대한 우려도 제기된다. 고령화 사회에서는 의료비와 돌봄 비용이 크게 늘어나는데, 이 때문에 안락사가 경제적 부담을 줄이기 위한 방법으로 잘못 이용될 위험이 있다.

한국에서는 안락사가 불법이다. 다만, 회복 불가능한 사망 단계에 접어든 환자가 연명 의료를 중단할 수 있도록 하는 연명의료결정법이 시행되고 있다. 존엄사를 일부 허용한 것으로 볼 수 있지만, 적극적인 안락사와는 차이가 있다. 한국 사회에서 또한 안락사에 대한 입장이 뚜렷하게 갈린다.

안락사 캡슐의 등장은 논쟁을 더욱 가열시킬 것으로 보인다. 기술의 발전이 인간에게 새로운 선택지를 주는 만큼, 그 결과에 대해 신중한 성찰이 필요하다. 안락사는 단순한 의료 문제가 아니라 인간의 존엄과 가치에 관한 근본적인 질문을 던지는 사안이다. 따라서 사회적 합의를 거쳐 신중하게 접근해야 할 것이다.

1. 불치병이나 극심한 고통에 시달리는 환자가 의사의 도움을 받아 자신의 의지로 생을 마감하는 것은?
2. 회복 불가능한 상태에 있는 환자가 연명 의료를 중단할 수 있도록 허용하는 법은?

기사 이해

1. 안락사가 합법화된 나라는 어디인가요?

오늘의 사설 1

안락사 허용이 인간 존엄을 지키는 길이다

최근 스위스에서 개발된 안락사 캡슐은 존엄한 죽음에 대한 논쟁을 다시 점화시켰다.

안락사는 인간의 존엄을 지키기 위한 마지막 선택으로 여겨진다. 불치병으로 고통받는 환자에게 존엄한 죽음을 선택할 권리를 보장하는 것은 인권의 핵심 가치를 지키는 일이기도 하다.

현대 의학은 모든 고통을 완전히 없애 주지 못한다. 아무리 치료 기술이 발달하여 생명을 연장하더라도, 환자가 끝없는 고통 속에서 살아야 한다면 문제는 달라진다. 이럴 때 환자에게 마지막 선택권을 주는 것이 더 인간적인 길일 수 있다. 안락사는 환자와 가족의 불필요한 고통을 줄이고, 의료 자원을 더 효율적으로 쓰게 한다는 점에도 의미가 있다.

이제 우리는 안락사 문제를 사회적으로 합의해야 한다. 인간의 존엄을 진정으로 존중하는 방향으로 나아가야 한다.

생명 경시 풍조 확산 우려, 안락사 논의는 신중해야 한다

스위스에서 안락사 캡슐이 등장하면서, 존엄사에 대한 논란이 다시 수면 위로 떠올랐다. 안락사는 불치병 환자의 존엄한 죽음을 돕는 수단으로 주목받지만, 윤리적 문제 때문에 여전히 논란의 중심에 있다.

안락사는 생명 경시 풍조를 확산시키고 사회적 약자를 차별하는 결과를 낳을 수 있다. 생명은 그 자체로 존엄하며, 어떠한 경우에도 인위적으로 단축해서는 안 된다. 특히 경제적·사회적으로 취약한 사람들에게 안락사가 강요될 수 있다는 점에서 더욱 신중한 접근이 필요하다. 기술 발전이 새로운 선택지를 주더라도, 그 선택이 옳은지에 대해 깊이 고민해야 한다.

안락사 논의는 더욱 신중하게 이루어져야 한다. 생명 존중이라는 가치를 훼손하지 않으면서도 인간의 존엄성을 지킬 수 있는 방안을 모색해야 한다.

생각 정리하기

1. 안락사를 원하는 사람들은 어떤 상황에 처한 사람들일까요?
2. 만약 안락사가 합법화된다면, 어떤 기준이 있어야 할까요?
3. 우리나라에서 안락사를 합법화하면 좋을지에 대한 의견과 그 이유를 정리해 보세요.

정답 **어휘 알기** 1. 안락사 2. 연명의료결정법 **기사 이해** 1. 네덜란드, 벨기에, 캐나다, 스위스, 콜롬비아, 룩셈부르크, 스페인 등

09 청년 니트족의 확산, 경제 위축 우려

세 줄 요약

최근 니트족의 증가가 사회적 문제로 대두되고 있다. 정부는 청년층 취업 지원과 정신 건강을 위한 프로그램을 강화하고, 이들이 사회에 복귀할 수 있도록 관심을 가져야 한다.

　　최근 니트족이 사회 문제로 떠오르고 있다. 니트(NEET)족은 'Not in Education, Employment, or Training'의 줄임말이다. 즉 학교에 다니지 않고 일을 하지 않으며 직업 훈련도 받지 않는 채 집에서 시간을 보내는 사람들을 말한다.

　　니트족이 늘어나는 이유는 여러 가지다. 불안정한 고용 시장, 심한 경쟁, 미래에 대한 불확실성 등이 복합적으로 작용한다. 특히 청년들이 취업에 도전했다가 높은 문턱에 부딪히거나, 치열한 경쟁에 좌절하여 사회생활을 포기하는 경우도 많다. 이 과정에서 자존감이 낮아지고 대인 관계를 피하게 되는 등 심리적 어려움을 겪는 청년이 적지 않다.

통계청에 따르면, 2023년 기준 국내 니트족은 약 50만 명에 달한다. 이중 청년층이 30만 명 이상을 차지하고 있다. 취업 공백 기간이 3년 이상인 사례도 상당하다.

모든 니트족이 처음부터 일을 하지 않았던 것은 아니다. 조사 결과, 대기업부터 중소기업까지 다양한 직장에서 근무한 경험이 있는 사람이 많았다. 하지만 대부분 높은 업무 강도, 긴 근무 시간, 낮은 보수 때문에 불만을 느꼈다고 답했다. 이로 인해 직장 생활을 계속하는 것을 단념한 것이다. 이들은 일을 쉬는 시간이 길어질수록 다시 일을 시작하기 어려워진다고 답했다.

니트족은 단순히 개인의 문제가 아니다. 사회 전반에 걸쳐 심각한 영향을 미칠 수 있다. 니트족이 늘면 노동력이 부족해지고 경제 활동이 전반적으로 위축된다. 이로 인해 사회적 불안이 커지고 다른 사회 문제로 이어질 수 있다. 특히 청년층에서 니트족이 증가하면 사회 전반의 활력이 떨어져서 국가 경쟁력도 약해진다.

니트족 문제를 해결하려면 정부가 청년층의 취업 지원을 강화하고, 안정적인 일자리를 많이 만들어야 한다. 또한, 청년층의 정신 건강을 돕는 상담 지원 프로그램을 확대해야 한다. 학교와 지역 사회가 함께 나서서 진로 교육과 직업 체험 기회를 넓히는 것도 좋은 방법이다. 사회 전체가 관심을 가지고, 이들이 다시 사회로 돌아올 수 있도록 돕는 노력이 필요하다.

1. 교육·고용·훈련 중 어느 상태에도 속하지 않은 사람을 부르는 말은?

2. 일반적으로 19세에서 34세 사이의 젊은 사람들을 부르는 말은?

1. 니트족이 늘어나는 이유는 무엇인가요?

2. 니트족이 늘어나며 생기는 문제는 무엇인가요?

니트족 문제 해결을 위해 정부의 노력이 필요하다

최근 니트족이 증가하고 있다. 니트족은 학교에 다니지 않고 일을 하지 않으며 직업 훈련에도 참여하지 않는 사람을 말한다. 많은 청년들이 치열한 경쟁에 지쳐, 취업을 포기하는 경우가 많아지고 있다.

니트족 문제를 해결하려면, 정부의 체계적인 대응이 필요하다. 청년층의 취업을 돕는 정책을 강화하고 안정적인 일자리를 늘리는 데 힘써야 한다. 또한, 청년들의 정신 건강을 지원하기 위한 프로그램을 확대해 이들이 다시 사회에 복귀할 수 있도록 도와야 한다.

니트족을 단순한 개인의 선택으로 여길 것이 아니라, 모두가 함께 해결해야 할 사회적 과제로 인식해야 한다. 장기간 사회와 단절된 청년은 스스로를 더욱 고립시켜, 또 다른 사회 문제로 이어질 수 있기 때문이다.

니트족은 개인의 선택이다

니트족이 늘어나는 것은 사회적 문제로 보일 수 있다. 그러나 이를 해결하려면 신중한 접근이 필요하다. 니트족은 단순히 취업을 하지 않는 사람들이 아니기 때문이다. 개인적 사정으로 잠시 일을 쉬거나, 자신만의 방식으로 시간을 보내며 삶의 의미를 찾으려는 사람들도 있다. 사람들이 일을 하지 않는 데는 다양한 이유가 있는 것이다.

따라서 정부가 모든 니트족을 대상으로 무조건 취업을 강요하는 정책을 펴는 것은 개인의 자유를 침해하는 일일 수 있다. 그보다는 삶을 꾸려나갈 다양한 선택지를 제공하고, 스스로 원할 때 사회와 다시 연결될 수 있는 기회를 마련해 주는 것이 더 바람직하다. 개인의 선택을 존중하면서도 사회와 이어질 방안을 마련해야 하는 것이다.

생각 정리하기

1. 니트족이 왜 늘어난다고 생각하나요?

2. 모든 사람이 반드시 교육을 받거나, 직장을 구하고 있거나, 직장을 다니는 것, 세 가지 상태 중 하나에 속해 있어야 할까요?

3. 니트족 문제를 해결하기 위해 가장 중요한 것은 무엇일까요?

정답 어휘 알기 1. 니트족 2. 청년 **기사 이해** 1. 불안정한 고용 시장, 심한 경쟁, 미래에 대한 불확실성 등이 복합적으로 작용한다. 2. 노동력이 부족해지고 경제 활동이 전반적으로 위축된다. 이로 인해 사회적 불안이 커지고 다른 사회 문제로 이어질 수 있다.

10 여성의 사회 진출 가로막는 유리천장

세 줄 요약

유리천장은 여성들의 사회 진출을 가로막고 임금 격차를 심화시키는 보이지 않는 장벽이다. 성차별과 사회적 편견 등이 주요 원인으로 작용한다. 법과 기업 문화, 사회적 인식 개선이 필요하다.

한국 사회에 여전히 존재하는 유리천장은 여성들의 사회 진출을 가로막고 있다. 유리천장이란 눈에 보이지 않지만, 여성과 같은 사회적 약자가 기업 등 조직 안에서 더 높은 자리에 오르는 것을 막는 장벽을 뜻한다. OECD 국가 중 최하위권에 머무르는 한국의 유리천장 지수는, 국내의 성차별이 얼마나 심각한 수준인지 보여 주는 단적인 예다.

최근 자본시장법이 개정되면서 주식시장에 상장된 큰 기업들은 반드시 여성 임원을 뽑게 되었다. 긍정적 변화의 조짐이지만, 현실은 여전히 차갑다. 국내 상장기업의 여성 임원 비율은 여전히 매우 낮고, 많은 기업에서 여성 임원을 찾아보기조차 힘들다. 여성 임원이 전혀 없는 경우도 있다.

여성에 대한 사회적 편견은 유리천장을 공고히 한다. "여성은 꼼꼼하지만 결단력이 부족하다, 감정적이어서 리더십을 발휘하기 어렵다"와 같은 편견은 여성의 능력을 제대로 평가하지 못하게 만든다. 결국 여성이 승진에서 밀려나는 결과로 이어지게 된다.

유리천장은 남녀의 임금 차이를 심화시키는 원인 중 하나다. 여성은 남성보다 평균적으로 낮은 임금을 받는다. 경력 단절이나 승진 기회 부족이 주된 이유다. 특히 결혼, 출산, 육아로 인해 경력이 끊기면 승진의 기회가 줄어든다. 이는 임금 격차를 더 크게 만드는 원인으로 작용한다. 심지어 여성이 같은 일을 해도 남성보다 적은 보수를 받는 악순환에 빠지기도 한다.

유리천장 문제를 해결하려면 법과 제도의 정비, 기업 문화의 개선, 사회적 인식의 변화가 함께 이루어져야 한다. 최근 들어 성차별 문제에 대한 인식이 개선되면서 한국의 기업 문화도 점차 변하는 추세다.

그러나 한국 사회의 유리천장은 여전히 견고하며, 여성들의 사회 진출을 막는 장애물로 작용한다. 여성 인재를 적극적으로 발굴하여 기회를 주고, 공정하게 평가하여 적절한 승진 기회를 주어야 한다. 여성들이 능력과 자질을 마음껏 펼치고 사회의 주역으로 당당히 설 수 있도록 사회 전체의 노력이 필요하다.

1. 여성 등 사회적 약자들의 사회 진출을 가로막는 보이지 않는 장벽을 부르는 말은?
2. 기업이 자사의 주식을 증권 거래소에 등록하여 공개적으로 거래할 수 있도록 하는 과정은?

1. 개정된 자본시장법에는 어떤 내용이 담겨 있나요?
2. 남녀 임금 차이가 나는 이유는 무엇인가요?

**유리천장 깨부수는 시대 과제,
기업 문화 혁신과 사회적 인식 변화가 핵심**

능력과 자질이 충분한 여성들이 고위직으로 나아가지 못하게 가로막는 유리천장을 이제는 더 이상 외면할 수 없다.

여성 임원 비율을 법으로 강제하는 것만으로는 한계가 있다. 근무 환경을 유연하게 만들고 실질적인 육아 지원 제도를 확대해야 한다. 또, 여성 리더십을 키우는 교육 프로그램도 적극적으로 도입해야 한다.

사회 전반에 뿌리 깊게 자리 잡힌 성별 고정관념을 바꾸는 것도 시급하다. 여성은 리더십이 부족하다는 편견은 사라져야 한다. 유리천장이 무너진다면 여성이 능력을 마음껏 발휘해 기업 또한 혁신적인 성과를 낼 수 있을 것이다. 이를 위해서는 정부와 기업, 사회 모두가 변화에 동참해야 한다.

유리천장 논쟁, 기업 자율과 사회적 합의가 우선

유리천장 문제는 우리 사회가 해결해야 할 중요한 과제임에 틀림없다. 그러나 이를 법으로 강제하는 것으로는 실질적인 변화를 이끌어내기 어렵다. 기업의 자율에 맡기고, 사회적 합의를 우선 이루는 것이 바람직하다.

임원 중 한 명을 여성으로 두어야 한다는 등의 법적 조치는 오히려 기업 운영의 자유를 침해할 수 있다. 기업마다 처한 상황이 각각 다름을 고려하지 않고 일괄적으로 적용한다면, 경우에 따라 다른 구성원들이 불공평하다고 느낄 위험이 있다. 물론 이러한 우려가 차별을 줄이기 위한 노력을 멈추게 해서는 안 된다. 각 기업은 상황에 맞는 기준을 마련해 구성원들의 신뢰를 얻어야 한다.

기업의 자발적인 노력과 사회적 합의가 이루어진다면 여성도 충분히 능력을 발휘해 기업의 발전에 기여할 수 있을 것이다. 그 과정에서 성별 임금 격차와 같은 문제는 자연스럽게 해소될 수 있으며, 결국 유리천장 또한 무너뜨릴 수 있을 것이다.

생각 정리하기

1. 유리천장의 사례를 직접 본 적 있나요?

2. 여성뿐 아니라 다른 사람들도 사회 진출이나 사회에서의 역할에 있어 차별을 겪기도 합니다. 그런 사례를 본 적 있나요?

3. 유리천장 문제를 법으로 해결하는 것에 대한 의견을 정리해 보세요.

정답 **어휘 알기** 1. 유리천장 2. 상장 **기사 이해** 1. 여성 임원을 의무적으로 뽑아야 한다. 2. 경력이 단절되거나 승진 기회가 부족하기 때문이다.

경제

01 모바일 결제 이용하는 청소년 늘어

세 줄 요약

청소년들이 모바일 결제를 이용하는 사례가 빠르게 늘어나고 있다. 모바일 결제는 생활을 편리하게, 용돈 관리를 수월하게 해 준다는 장점이 있다.

　청소년들의 결제 방식이 달라지고 있다. 현금을 들고 다니던 시기를 지나 체크 카드를 쓰더니, 이제는 모바일 결제를 이용하는 청소년이 많아졌다. 디지털 결제가 일상 속 풍경으로 자리 잡고 있는 것이다.

　한국 청소년은 스마트폰을 가지고 있는 경우가 많다. 이에 따라, 결제 방식도 자연스럽게 디지털 거래로 바뀌고 있는 것이다. 한 통계에 따르면, 2023년도 기준 청소년의 스마트폰 보급률은 95%에 이른다. 사실상 거의 모든 청소년이 스마트폰을 쓰는 셈이다. 스마트폰 보급률이 높아짐에 따라 청소년들의 생활 방식 전반이 바뀌고 있는 것으로 보인다.

스마트폰 제조사에서도 이런 흐름에 맞춰 다양한 금융 서비스를 내놓고 있다. 모바일 학생증, 모바일 쿠폰 선물하기, 충전 카드 서비스 등이 대표적이다. 은행에서도 청소년용 선불 카드를 연이어 출시하고 있다. 모바일 결제를 원하는 청소년이 많아졌기 때문이다.

청소년들은 이를 활용해 대중교통을 이용하거나 온라인 결제를 손쉽게 할 수 있다. 충전 카드와 부모의 계좌를 연결하면 용돈 관리도 수월해진다. 보호자가 사용 내역을 함께 관리할 수 있어, 과소비를 막는 데 도움이 되기도 한다.

실제로 10대 청소년 중 85% 이상이 모바일 결제를 이용한 경험이 있다고 답했다. 모바일 결제를 긍정적으로 생각한다는 답변도 절반에 가까웠다. 한 달 사용 금액은 '1만 원 미만'이 약 50%로 가장 많았고, '30만 원 이상'은 2%에 그쳤다.

결제 내용은 음악 스트리밍 서비스, 기프티콘, 게임, 영상 스트리밍 순으로 많았다. 사용 습관에 관해서는 약 43%의 학생이 '적당한 금액을 사용하고 있다'고 답했고, '너무 많이 쓰지만 줄일 마음은 없다'는 응답도 약 7%였다. 모바일 결제를 통해 적은 금액으로도 원하는 콘텐츠를 즐길 수 있어 만족스럽다고 답한 경우도 많았다. 어떤 학생들은 생활에 필요한 콘텐츠를 구입하는 정도이니, 모바일 결제를 이용하는 것이 큰 문제가 없다고 생각한다고 답변했다. 모바일 결제를 어떻게 지혜롭게 사용할지는 앞으로 청소년들에게 중요한 과제가 될 것이다.

어휘 알기

1. 은행 계좌와 연결된 카드로, 결제 시 계좌에서 바로 돈이 빠져나가는 카드는?
2. 미리 충전한 금액 내에서만 사용할 수 있는 카드는?

기사 이해

1. 청소년의 결제 방식이 어떻게 달라지고 있나요? 또, 달라지는 이유는 무엇인가요?
2. 청소년들은 모바일로 주로 무엇을 결제하나요?

오늘의 사설 1

모바일 결제, 자연스러운 결제 방식 변화일 뿐이다

최근 청소년들의 결제 방식이 급격히 변화하고 있다. 2023년 기준, 스마트폰을 가진 청소년은 95%에 달했으며 이들 중 대부분이 모바일 결제를 사용하고 있다.

모바일 결제 덕분에 현금을 들고 다니지 않아도 되어, 청소년들은 훨씬 편리하게 생활할 수 있다. 부모는 용돈을 손쉽게 관리할 수 있고, 청소년은 교통비와 콘텐츠 결제 등을 스마트폰으로 간편하게 처리할 수 있다. 또한 선불 카드와 부모 관리 기능은 과소비를 막고 건전한 소비 습관을 형성하는 데 도움을 준다. 청소년들이 모바일 결제를 올바르게 사용한다면 경제적 자립심과 책임감을 기르는 데 큰 도움이 될 것이다.

모바일 결제는 효율적이고 안전한 결제 방식으로서, 앞으로도 청소년의 생활에서 중요한 역할을 할 것으로 보인다.

모바일 결제, 청소년의 과소비가 우려된다

청소년들이 모바일 결제를 사용하는 경우가 많아지면서 과소비 위험도 커지고 있다. 스마트폰으로 간편하게 결제할 수 있게 된 바람에, 불필요한 소비가 늘어날 가능성이 높아진 것이다. 일부 청소년들은 월 1만 원 미만을 결제한다고 답했지만, 약 7%는 과도한 결제를 줄일 마음이 없다고 답했다.

이렇듯 모바일 결제는 청소년에게 편리함을 제공하지만 자율성이 커질수록 소비 관리가 어려워진다. 결제 수단을 부모와 함께 관리하는 기능이 있더라도, 청소년의 과소비를 막는 데는 한계가 있다는 지적도 나온다.

이에 따라 청소년들에게는 디지털 결제와 관련한 적절한 소비 교육이 필요하다. 부모와 학교는 청소년이 올바른 소비 습관을 기를 수 있도록 적극적으로 지원해야 한다. 적은 금액씩 결제하더라도 습관이 되면 과소비로 이어지기 쉽다는 점을 잊어서는 안 된다.

생각 정리하기

1. 여러분이나 주변 친구가 모바일 결제를 한 경험을 떠올려 보세요. 어떤 콘텐츠를 결제했고 만족도는 어땠나요?
2. 현금 결제, 신용 카드 결제, 모바일 결제의 장단점을 각각 생각해 보세요.
3. 청소년이 모바일 결제를 이용하는 것에 대한 의견을 정리해 보세요.

정답 어휘 알기 1. 체크 카드 2. 선불 카드 기사 이해 1. 모바일 결제로 변화하고 있으며, 이는 대부분의 청소년들이 스마트폰을 가지고 있기 때문이다. 2. 음악 스트리밍 서비스, 기프티콘, 게임, 영상 스트리밍 등이다.

02 영업시간 늘리는 은행이 인기를 얻고 있다

세 줄 요약

최근 몇몇 은행은 고객들의 다양한 생활 패턴을 고려해 영업시간을 연장하고 있다. 이러한 변화는 고객들의 만족도를 높인다. 앞으로도 은행 운영 방식이 다양해질 것으로 예상된다.

최근 몇몇 은행이 영업시간을 연장해, 고객들의 긍정적인 반응을 얻고 있다. 한 은행은 오전 9시부터 오후 6시까지 운영하는 방식을 도입했는데, 고객들의 만족도가 높다. 직원들도 두 개의 조로 나누어 근무하기 때문에 고객 만족뿐 아니라 직원들의 일과 삶의 균형, 이른바 워라밸도 챙길 수 있다.

사람 없이 운영하는 무인 점포인 '디지털 EXPRESS'를 연 은행도 있다. 이 점포에서는 화상 상담을 할 수 있다. 또 디지털 기기를 이용해 예금 가입, 대출 상담, 카드 신청, 해외 송금 등 다양한 업무를 처리할 수 있다. 이 은행을 이용한 고객을 대상으로 만족도 조사를 실시했는데, 다수가 만족한다고 답했다. 다시 방문하고 싶다는 의견도 많았다. 특히 직장인들은 복잡한 점심 시간을 피해, 퇴근 후 여유롭게 은행 업무를 볼 수 있어 편리하다고 답했다. 해당 은행은 이러한 형태의 점포를 앞으로도 계속 확대할 예정이라고 밝혔다.

우리나라에는 주요 은행을 비롯해 지방 은행, 인터넷 전문 은행, 특수 은행, 외국계 은행 등 다양한 은행이 있다. 은행의 기존 표준 영업시간은 오전 9시부터 오후 4시까지였지만, 고객의 생활 패턴을 고려해 운영 방식을 다양화한 것이다. 대부분의 직장인이 오후 5시 이후까지 근무하기 때문이다.

과거 대형마트 운영 시간에 맞춰 은행을 오후 5시까지 늘려 영업한 적이 있었다. 이제는 이보다 영업시간을 더 늘려 오후 6시까지 열어 '나인 투 식스 은행'이라는 말까지 나오고 있다. 은행을 꼭 낮에만 가야 한다는 인식에서 벗어나, 저녁이나 주말에도 편리하게 이용할 수 있게 된 것이다.

오후 8시까지 화상 상담을 통해 입출금 통장과 체크 카드 개설, 예·적금 신규 가입, 제신고 업무 등을 볼 수 있는 '이브닝플러스' 점포를 늘리는 은행도 있다. 주로 직장인이 늦게까지 근무하는 지역을 중심으로 이러한 지점을 확대하고 있으며, 토요일에도 영업하는 지점도 늘어나고 있다.

이처럼 영업시간과 서비스가 다양화되면서 은행들 사이의 경쟁에 불이 붙은 모습이다. 은행 사이의 경쟁이 치열해진 만큼, 앞으로 은행 영업시간은 더욱 다양해질 것으로 예상된다.

1. 영업하기 위하여 점포의 문을 연 때부터 닫을 때까지의 시간을 부르는 말은?

1. 은행의 영업시간은 어떻게 달라지고 있으며 그 이유는 무엇인가요?
2. '이브닝플러스' 점포에서는 주로 어떤 업무를 처리할 수 있나요?

은행도 고객 편의를 위해 변화해야 한다

최근 은행들이 영업시간을 늘리거나 무인점포를 도입하며 고객 중심 운영을 시도하고 있다. 영업시간 연장은 직장인이나 바쁜 고객들에게 실질적인 도움을 준다. 점심시간의 혼잡함을 피하고 늦은 시간에도 은행 업무를 볼 수 있기 때문이다. 퇴근 이후에도 은행을 이용할 수 있어, 직장인들의 만족도가 특히 높다. 토요일에도 문을 여는 지점이 늘어나면서, 평일에 시간을 내기 어려운 고객들에게도 큰 도움이 되고 있다.

운영 시간을 늘리기만 하는 것이 아니라, 운영 방식에도 변화를 주고 있다. 무인점포와 화상상담 채널 운영은 시간과 공간의 제약을 최소화해 고객들이 주요 업무를 효율적으로 처리할 수 있게 한다.

은행 영업시간 연장은 생활 패턴이 다양해진 현대 사회에 필요한 변화다. 고객 편의성을 높이고 경쟁력을 강화하려는 은행의 노력이 긍정적으로 평가받고 있다.

은행 영업시간 연장은 반드시 필요한 변화가 아니다

　은행들이 영업시간을 늘리거나 무인점포를 도입하며 고객들에게 긍정적인 반응을 얻고 있다. 그러나 이러한 변화는 운영비용을 늘리고 은행 직원의 부담을 가중시키며, 자원 배분을 비효율적으로 만든다는 단점이 있다.

　영업시간을 연장하면 인건비와 운영비가 추가로 들고 직원들이 불규칙적으로 초과근무를 해야 한다. 게다가 모바일 뱅킹이 보편화되어 직접 점포를 찾는 고객이 줄어든 현시점에 연장 영업이 정말 필요한지에 대해 의문이 제기된다.

　결국 은행 영업시간 연장은 비용과 직원 부담을 늘린다는 문제를 안고 있는 셈이다. 이는 디지털 금융이 확산되는 상황에서 불필요한 변화일지도 모른다. 은행들은 영업시간 연장 대신 모바일 뱅킹이나 온라인 서비스를 강화하는 등의 다른 방법을 찾을 필요가 있다.

생각 정리하기

1. 은행을 이용해 본 경험을 말해 보세요.

2. 은행 업무를 화상 상담으로 진행할 경우 생기는 어려움이 있을까요?

3. 은행 영업시간을 늘리면 직원들의 워라밸이 망가진다는 의견에 대해 어떻게 생각하나요?

정답　**어휘 알기** 1. 영업시간　**기사 이해** 1. 영업시간을 오후 6시~8시까지 늘렸고, 이는 고객들의 생활 패턴을 고려했기 때문이다.　2. 화상 상담을 통해 입출금 통장과 체크 카드 개설, 예·적금 신규 가입, 제신고 업무 등을 볼 수 있다.

03 소비 트렌드를 이끄는 1인 가구, 솔로 이코노미의 확산

│ 세 줄 요약

1인 가구의 증가로 '솔로 이코노미'라는 새로운 소비 흐름이 등장했다. 기업들은 이를 반영한 제품과 서비스를 제공하고 있으며, 앞으로 1인 가구는 소비 트렌드를 이끄는 주체가 될 전망이다.

　　최근 한국 사회에서 1인 가구가 빠르게 늘어나고 있다. 이로 인해 소비 트렌드가 변화하며 '솔로 이코노미'라는 새로운 경제 흐름이 나타나고 있다. 솔로 이코노미란 1인 가구가 소비시장을 이끄는 경제 현상을 말한다.

　　1인 가구가 늘어난 이유는 다양하다. 요즘의 젊은 세대는 독립적인 삶을 선호하고 결혼을 미루거나 하지 않는 경우가 많다. 또한 혼자 살면서 자신의 취향에 맞는 소비를 즐기고, 개인적인 시간과 공간을 확보하는 것을 중시하는 경향이 강해졌다.

이러한 변화는 소비 시장에 큰 영향을 주었다. 예전에는 3~4인 가구를 위한 대형 가전제품이 주로 팔렸지만, 이제는 1인용이나 소형 가전제품이 인기를 끌고 있다. 작은 주방 공간에 맞춘 소형 냉장고나 전자레인지 등이 많이 팔리는 것이다.

식품 업계에도 비슷한 변화의 바람이 불고 있다. 대용량 식품보다는 음식 배달 서비스, 간편식, 1인분 밀키트와 같은 1인 가구를 겨냥한 상품들이 많이 출시되고 있다. 1인 가구가 필요한 만큼만 소비하려는 경향이 강해지면서, 개인의 상황과 취향에 맞춘 새로운 상품과 서비스가 늘어나고 있는 것이다. 이 밖에도 1인 여행 패키지, 1인 좌석 영화관이나 카페, 1인 맞춤형 구독 서비스 등 다양한 업계에서 1인 가구를 위한 상품을 선보이고 있다.

1인 가구는 자신만의 시간을 누리고 취향을 표현하는 방식으로 소비 활동을 한다. 이러한 소비 흐름은 다양한 산업 분야에 새로운 기회를 창출하고 있다. 소비 시장뿐만 아니라 문화 전반이 바뀌고 있다. 나눔을 중시하던 과거와 달리, 이제는 개인의 시간과 공간을 존중하는 문화가 자리 잡고 있다.

결론적으로 1인 가구는 더 이상 소수의 특이한 사례가 아니다. 그 수가 늘어났을 뿐 아니라, 새로운 소비 트렌드를 이끄는 중요한 경제 주체로 자리를 잡았다. 기업들에게 새로운 시장을 열어 주며 사회 문화 전반의 변화를 이끄는 동력으로 작용하고 있다. 이러한 변화는 앞으로도 계속될 것으로 보인다. 솔로 이코노미의 중요성은 더욱 커질 것이다.

1. 1인 가구가 중심이 되어 소비 시장을 이끌어 가는 경제 현상은?

1. 1인 가구가 늘어난 이유를 한 가지만 떠올려 보세요.

2. 1인 가구의 증가로 어떤 변화가 생기고 있나요?

1인 가구의 증가, 경제 성장의 기회로 삼아야 한다

1인 가구가 급증하며 소비 트렌드에도 변화가 생겼다. '솔로 이코노미'라는 새로운 경제 흐름이 나타나면서, 1인 가구는 소비 시장의 중요한 주체로 자리 잡고 있다.

1인 가구는 필요한 만큼만 구입하고 자신의 취향에 어울리는 제품을 선호하는 경향이 있다. 새로운 소비자에게 선택받기 위해서 기업들은 새로운 제품과 서비스를 선보여야만 한다. 1인 가구 전용 상품을 발 빠르게 내놓아야 하는 것이다.

이는 새로운 이익 창출의 기회가 되어, 경제 성장을 이끌어 낼 수 있다. 솔로 이코노미를 바탕으로 전에 없던 독특한 소비 패턴이 형성되고, 이에 빠르게 대응한 기업들은 트렌드를 선도할 수 있을 것이다.

전문가들은 이러한 변화가 일시적인 유행이 아니라 장기적인 변화임을 자각하고 전략적으로 대응해야 한다고 강조한다. 식품, 주거, 여가 등 다양한 산업에서 1인 가구를 겨냥한 경쟁이 치열해질 전망이다.

1인 가구의 확산, 사회 문제로 인식해야 한다

1인 가구가 늘어나면서 새로운 사회 문제가 생기고 있다. 1인 가구가 늘어날수록 사회적 연결이 약해진다는 점이다. 1인 가구는 심리적 고립을 겪을 가능성이 크다.

솔로 이코노미는 과도한 개인주의의 결과다. 기업들이 1인 가구를 위한 상품을 내놓는 것으로는 충분하지 않다. 1인 가구가 늘어난 것을 단순히 경제적인 변화로만 보는 것은 위험하다. 사람들 간의 연대 의식을 강화해야 하는 것이다.

1인 가구에게는 정서적 지원과 사회적 안전망 마련이 필요하다. 사람들이 혼자 살더라도 고립되지 않도록, 지역 연결 정책 등을 마련해야 한다. 1인 가구의 확산을 사회 문제로 바라보고 적극적으로 대응해야 1인 가구 역시 건강한 사회 구성원으로 자리 잡을 것이다.

생각 정리하기

1. 사설1은 1인 가구 증가를 어떤 이유에서 긍정적으로 보고 있나요?

2. 사설2는 1인 가구 증가가 과도한 개인주의의 결과라는 점에 대해 어떻게 생각하나요?

3. 1인 가구에 정서적인 지원이 필요할까요?

4. 주변에서 1인 가구를 본 적 있나요? 1인 가구가 소비 트렌드를 변화시키는 현상에 대한 의견을 말해 보세요.

정답 어휘 알기 1. 솔로 이코노미 기사 이해 1. 젊은 세대는 독립적인 삶을 선호해서 등 2. 1인 가구의 상황과 취향에 맞춘 새로운 서비스가 빠르게 늘어나고 있다.

04 늘어나는 편의점, 모두 잘될까?

▶ 세 줄 요약 ◀

편의점은 오프라인 유통 시장 1위를 향해 빠르게 나아가고 있다. 반면, 백화점과 대형마트의 폐업이 늘고 있다. 편의점 또한 시장이 포화되고 경쟁이 치열해지면서 새로운 전략이 필요해졌다.

최근 편의점 수가 급격히 증가하면서, 편의점이 오프라인 유통 시장 1위를 향해 빠르게 나아가고 있다. 이는 편의점이 소비자들의 변화하는 구매 패턴에 신속하게 적응했기 때문이다. 1인 가구가 늘어나고 외식 물가가 상승하면서 도시락 등 간편식을 찾는 소비자가 늘었다. 편의점은 즉각적으로 저렴한 간편식이나 생활 밀착형 상품을 제공했고 그 결과 큰 인기를 끌었다.

반면, 백화점과 대형마트의 매출은 줄어들고 있다. 특히 백화점은 소비자 마음을 사로잡을 적절한 고급화 전략을 세우지 않으면 시장에서 뒤처질 수 있다. 실제로 최근 문을 닫는 백화점이 늘고 있는 추세기 때문이다. 대형마트의 사정 역시 비슷하다. 주말에만 사람들이 몰리고 평일에는 한산한 경우가 많다.

백화점과 대형마트의 매출이 줄어든 것은 온라인 유통의 급성장과 관련이 있다. 온라인 쇼핑을 이용하면 더 다양한 상품을 더 편리하게 살 수 있다. 스마트폰만 있으면 언제 어디서든 물건을 주문할 수 있고, 빠른 배송 서비스까지 더해지면서 오프라인 매장으로 향하는 소비자들의 발길이 뜸해진 것이다. 백화점과 대형마트 등은 온라인 쇼핑을 선호하게 된 소비자들의 관심을 끌 새로운 전략을 모색해야만 한다.

하지만 오프라인 유통 1위를 노리는 편의점도 문제를 안고 있다. 여전히 성장세를 이어가고 있지만, 편의점 시장이 포화 상태에 가까워져서다. 같은 브랜드 편의점이 몇십 미터 간격으로 들어선 지역도 많다. 그러나 점포 수를 무한정 늘리는 방식으로는 성장을 지속하기 어려워졌다. 점포가 과도하게 많아지면서 점포 간 경쟁이 심해졌고, 좋은 입지를 선점하는 데 실패하면 수익이 나지 않아 문을 닫는 경우가 잦아진 것이다.

따라서 편의점 업계도 새로운 대책이 필요하다. 편의점은 공간이 한정되어 있기 때문에 온라인만큼 많은 상품을 갖추어 두기는 어렵다. 그러니 오프라인 유통 시장에서 경쟁력을 유지하려면 새로운 소비 트렌드에 맞추어 전략적으로 대응해야 한다. 온라인 시장과의 경쟁에서 이길 수 있는 차별화된 상품과 서비스 개발이 필수적이다.

1. 소비자들이 일정 기간 동안 선호하거나 주로 선택하는 상품이나 서비스의 변화된 경향을 부르는 말은?

1. 편의점 수는 왜 증가하는 걸까요?
2. 백화점과 대형마트의 성장은 왜 둔화되는 걸까요?

편의점은 오프라인 유통의 강자로 자리매김할 것이다

최근 편의점이 오프라인 유통 시장에서 급격히 성장하며 1위 자리를 향해 빠르게 나아가고 있다. 이는 1인 가구의 증가와 외식 물가 상승으로 인해 간편식 수요가 늘어난 결과다.

편의점은 이제 단순히 식품을 파는 곳이 아니라, 생활에 필요한 거의 모든 것을 한 장소에서 해결할 수 있는 공간으로 바뀌고 있다. 특히 1인 가구와 간편식을 선호하는 소비자들의 요구를 정확히 반영한 점이 성장의 원동력이 되었다.

다만 시장이 포화 상태에 이르러 점포 수를 더 늘리기 어려운 상황이다. 그러나 편의점의 미래는 단순한 숫자 경쟁이 아니라, 새로운 역할을 얼마나 빠르게 만들어 내느냐에 달려 있다. 이제는 점포 확장 경쟁보다 소비자의 변화된 생활을 이끌어 가는 혁신적인 서비스로 승부해야 한다.

편의점의 성장세를 이어가려면 새로운 대책이 필요하다

편의점이 급성장하고 있다. 1인 가구의 증가와 간편식 수요 확대 덕분에 편의점은 빠르게 몸집을 키워 왔다. 그러나 그 이면에는 과열된 경쟁과 수익 악화라는 과제가 남아 있다. 점포 수를 무작정 늘리는 방식으로는 더 이상 성장을 이어가기 어렵다.

전국적으로 편의점이 늘어나면서 점포 위치 선정 경쟁이 치열해졌고, 같은 브랜드 편의점끼리도 고객을 두고 싸우는 상황이 벌어지고 있다. 온라인 쇼핑의 급성장에 맞서는 차별화된 전략도 부족하다. 오프라인 유통 시장에서 경쟁력을 지키려면, 단기적인 확장보다 근본적인 문제 해결이 필요하다.

따라서 편의점 업계는 양적 성장보다 질적 성장을 고민해야 한다. 무분별한 경쟁을 멈추고, 편의점이 오래 살아남을 방법을 찾아야 한다.

1. 여러분의 가족은 물건을 구매할 때 오프라인, 온라인 중 어느 곳을 더 많이 사용하나요?

2. 폐업하는 백화점이나 대형마트가 늘어나는 것은 자연스러운 변화일까요? 아니면 어떻게든 위기를 극복해야 할까요?

3. 포화 상태인 편의점이 오프라인 시장에서 계속 살아남으려면 어떻게 해야 할까요?

> **정답** 어휘 알기 1. 소비 트렌드 기사 이해 1. 1인 가구가 늘어나고 외식 물가가 상승하면서 도시락 등 간편식을 찾는 소비자가 늘었기 때문이다. 2. 온라인 유통이 급성장하면서 온라인 쇼핑을 선호하는 소비자가 늘었기 때문이다.

05 주휴수당 부담에 초단시간 근로자 급증

세 줄 요약

최저 임금이 오르면서 고용주들이 초단시간 근로자를 선호하게 되었다. 이로 인해 고용 안정성이 떨어지고 있다. 주휴수당 제도를 개선해야 한다는 목소리가 높아지고 있다.

　　최저 임금이 계속 오르면서, 일주일에 15시간 미만으로 일하는 사람이 늘고 있다. 인건비 부담이 심해진 고용주들이 근로 시간을 줄인 것이다. 특히 외식업과 유통업 분야에서 두드러지게 일어나는 현상이다. 나빠진 근로 환경 때문에 일할 사람을 구하기가 더욱 어려워졌다.

　　2024년 기준, 일주일에 1시간~14시간만 일한 근로자는 174만 명이 넘는다. 이는 전체 취업자의 6% 정도다. 2017년까지는 초단시간 근로자의 비율이 3%대였는데, 계속 증가해서 2024년에는 6%가 넘었다. 주로 아르바이트를 하는 젊은층에서 이런 현상은 더욱 두드러진다.

고용주들이 짧은 시간 일하는 근로자를 선호하게 된 이유는 바로 주휴수당 때문이다. 근로기준법에 따르면 일주일에 15시간 이상 일하면 주휴수당을 지급해야 한다. 최저 임금이 오르자, 고용주들이 주휴수당을 주지 않고 인건비를 줄이려는 것이다.

이러한 이유로 인해 주휴수당 제도를 없애거나 개선해야 한다는 목소리가 커지고 있다. 초단시간 일하는 근로자가 계속 늘어나면 청년층, 저소득층의 고용 안정성에 빨간불이 켜지기 때문이다. 정부와 기업은 근로자의 권리를 보장하면서도 고용주가 부담을 덜 수 있도록, 제도를 개선할 방안을 함께 찾아야 한다.

그렇다면 대체 최저 임금제는 무엇이고, 최저 임금은 왜 해마다 오르는 걸까? 대한민국의 최저 임금제는 근로자들이 최소한의 생활을 보장받을 수 있도록, 정부에서 정한 최저한의 임금을 지급하도록 규정하는 제도다. 최저 임금제로 인해 임금이 적은 저임금 근로자가 생계를 보장받을 수 있고 임금 차별이 생기지 않는다.

최저 임금제는 1988년도에 처음 도입되었다. 노동자의 임금이 매우 낮았기 때문에, 노동자의 생활 수준을 개선하기 위한 것이 목적이었다. 경제적 불평등을 줄이려는 목적도 있었다. 당시 최저임금은 시급 1,000원이었는데, 이는 물가나 경제 상황에 비추어 볼 때 매우 적은 금액이었다. 이후 물가 상승과 생활비 변화에 맞게 근로 최저 임금은 꾸준히 인상되어 2020년에는 시급 8,590원, 2026년에는 10,320원이 되었다.

1. 근로자가 일한 대가로 받을 수 있는 최소한의 임금은?
2. 근로자가 일주일 동안 일정 시간 이상 근무하면, 추가로 지급받는 임금은?

1. 고용주들이 짧은 시간만 일할 직원을 구하는 까닭은 무엇인가요?
2. 2026년의 최저임금은 얼마인가요?

주휴수당 제도의 개선이 필요하다

최저 임금이 계속 오르자, 주휴수당 지급에 부담을 느낀 고용주들이 짧은 시간만 일할 근로자를 채용하는 일이 늘고 있다. 근로자를 주 15시간 미만으로만 일하게 해 주휴수당 지급을 피하려는 것이다. 그 결과 초단시간 근로자가 급격히 늘면서 고용 안정성이 위협받고 있다.

이와 같은 문제를 해결하기 위해서는 주휴수당 제도를 개선해야 한다. 주휴수당 제도는 근로자를 보호하기 위해 만들었지만, 지금은 고용주에게 과도한 부담을 주어 오히려 고용 안정성을 위협하고 있기 때문이다.

정부는 근로자와 고용주 모두에게 도움이 되는 균형 잡힌 정책을 마련해야 한다. 예를 들어 근로시간에 따라 탄력적으로 주휴수당을 지급하거나, 소규모 사업장의 부담을 덜어주는 지원책을 만들 수 있다. 이처럼 현실에 맞는 제도 개선이 이루어져야 근로자의 권리를 지키면서도 고용주의 부담을 줄일 수 있다.

주휴수당 제도는 반드시 필요하다

최저 임금 인상이 계속됨에 따라 고용주들이 초단시간 근로자를 선호하는 현상이 나타나고 있다. 근로시간을 15시간 미만으로 조정해 주휴수당 지급을 피하려는 시도가 많아지면서, 초단시간 근로자 수가 급증하고 있는 것이다. 이로 인해 특히 청년층과 저소득층의 고용 안정성이 흔들리고, 근로 환경도 더욱 나빠지고 있다.

하지만 주휴수당은 근로자가 최소한의 생활을 보장받을 수 있도록 만든, 꼭 필요한 제도다. 따라서 고용주가 주휴수당 지급을 피하기 위해 근로시간을 줄이지 못하도록 제도적 장치를 마련해야만 한다.

주휴수당은 일하는 사람의 기본적인 권리를 지켜 주는 장치다. 누구나 일한 만큼 정당한 대가를 받아야만 한다. 정부는 고용주의 부담을 줄이면서도 근로자의 권리를 보장할 방법을 찾아야 한다.

■ 생각 정리하기 ▶

1. 최저 임금제가 없다면 어떤 일이 생길까요?
2. 만약 내가 고용주라면, 주휴수당 지급에 대해 어떤 태도를 취할지 생각해 보세요.
3. 주휴 수당 지급에 대한 여러분의 입장과 그 근거를 생각해 보세요.

06 배송 전쟁, 어디까지 가나

세 줄 요약

당일배송과 새벽배송 서비스가 확산되며 유통업계의 경쟁이 치열해지고 있다. 빠른 배송에 더해 추가 서비스를 강화하며 배송 전쟁이 계속될 것으로 보인다.

　　최근 유통업계에서 당일배송 서비스가 확산되고 있다. 한 업체는 주말에도 당일배송이 가능한 서비스를 도입해 큰 주목을 받았다. 이 업체는 토요일과 일요일 오전 11시 이전에 주문하면, 그날 안에 상품을 받을 수 있는 서비스를 시작했다. 서울·경기·인천 지역을 중심으로 무료로 제공되는 서비스다. 주말에도 원하는 물건을 바로 받아볼 수 있어 소비자 사이에서 만족도가 높다. 이로써 이 업체는 주 7일 24시간 배송 체제를 갖추게 되었다.

　　빠른 배송 경쟁은 쿠팡에서부터 시작됐다. 쿠팡은 '로켓배송'이라는 이름의 새벽배송 서비스를 처음 도입했다. 전국에 물류센터를 세우고 익일배송과 새벽배송을 동시에 운영하면서 다른 업체보다 한 발 앞서 나갔다. 이후 다른 업체들도 배송 속도를 높이며 경쟁에 뛰어들었다. 업체 간 경쟁이 치열해지면서 소비자는 더 빠르고 다양한 배송 서비스를 기대하게 되었다.

현재 새벽배송 서비스를 운영하는 대표적인 기업은 신세계그룹과 롯데그룹이 있다. 신세계그룹의 SSG닷컴은 새벽배송 서비스를 전국적으로 확대하고 있고, 롯데그룹의 롯데온은 '오늘온다'라는 당일 배송 서비스를 선보였다. 이들 기업은 지역별 물류센터를 세워 주문 상품을 고객에게 빠르게 전달하고 있다.

소비자들은 더 빠른 배송을 제공하는 곳을 선택하게 된다. 덕분에 소비자는 편리함을 얻었지만, 업체 간 경쟁은 더욱 치열해졌다. 특히 이커머스(전자상거래) 시장의 경쟁이 심해지면서, 기업들은 배송 속도 경쟁에 뛰어들 수밖에 없다. 배송 속도는 기업 경쟁력을 결정짓는 핵심 요소가 되었다. 최근에는 중국의 이커머스 기업들이 국내 시장에 진출하면서 가격 경쟁까지 더 심해졌다. 결국 얼마나 싸게, 얼마나 빨리 배송하는지가 유통업계 사이의 승부를 가르는 관건이 된 것이다.

더 나아가서 배송 추적 서비스, 고객 맞춤형 배송 옵션 등 새로운 서비스를 제공하는 기업도 늘고 있다. 한국의 배송 전쟁이 어디까지 진화할지 많은 이들의 관심이 쏠리고 있다.

어휘 알기

1. 인터넷을 통해 상품이나 서비스를 사고파는 시장을 부르는 말은?

기사 이해

1. 업체들이 배송 경쟁을 하는 이유는 무엇인가요?
2. 빠른 배송 외에 업체들이 제공하는 서비스에는 무엇이 있나요?

오늘의 사설 1

빠른 배송 경쟁의 부정적 영향이 많다

유통업계에서 빠른 배송 경쟁이 과열 양상으로 번지고 있다. 당일배송, 새벽배송, 로켓배송, 주말배송 등 다양한 서비스가 등장하며 기업 간 경쟁이 갈수록 치열해지는 것이다.

하지만 이런 속도 경쟁의 이면에는 여러 가지 문제가 있다. 기업들은 빠른 배송을 하기 위해 막대한 비용을 들여 물류센터를 짓고 있다. 이로 인해 수익성이 악화될 수 있으며, 물류 과정에서 발생하는 환경오염 문제도 간과할 수 없다. 또한 고객을 위한 과도한 서비스 경쟁은 단기적으로 만족도를 높일 수 있지만, 장기적으로 보면 상품 가격 상승으로 이어질 가능성이 크다. 결국 그 부담은 소비자가 떠안을 것이고, 소비가 줄어들면 시장 전체의 활력도 떨어질 것이다.

유통업계는 빠른 배송에만 집중하기보다는 상품의 품질과 서비스의 다양성을 높이는 데 힘써야 한다. 기업의 안정적인 수익 구조와 소비자의 신뢰가 함께 확보될 때, 진정한 의미의 성장이 이루어질 것이다.

빠른 배송 경쟁은 자연스러운 현상이다

최근 유통업계에서 당일배송 서비스가 확대되며 배송 경쟁이 한층 치열해지고 있다. 당일배송, 새벽배송, 로켓배송, 주말배송 등 다양한 형태의 서비스가 등장하며 기업 간 경쟁이 가속화되고 있다.

이 같은 빠른 배송 경쟁 덕분에 소비자는 한층 더 편리해졌다. 바쁜 일정을 소화하는 우리나라 사람들에게 당일배송이나 새벽배송은 일상을 효율적으로 꾸릴 수 있게 돕는 필수 서비스가 되었다. 게다가 배송 추적 서비스와 고객 맞춤형 옵션까지 더해지며 이용 만족도가 더욱 높아지고 있다.

배송 경쟁은 더 치열해질 것으로 보인다. 이는 자유경제 시장에서 자연스러운 흐름으로, 앞으로는 배송 속도만으로는 경쟁에서 살아남는 데 한계가 있을 것이다. 유통업체들이 빠른 배송에만 급급하지 않고 지속 가능한 물류 시스템과 차별화된 고객 서비스를 함께 발전시킨다면 소비자의 만족도는 더욱 높아질 것이다.

■ 생각 정리하기

1. 당일배송, 새벽배송, 로켓배송, 주말배송 중 여러분의 가족이 경험해 본 서비스가 있나요?

2. 무조건 빠른 배송만 원할 때 생기는 문제점은 무엇일까요?

3. 배송 서비스는 어디까지가 적당하다고 생각하나요? 유통업계와 소비자, 양측의 입장에서 생각해 보세요.

정답 어휘 알기 1. 이커머스 기사 이해 1. 이커머스 시장의 경쟁이 심화되고 있어서 2. 배송 추적 서비스, 고객 맞춤형 배송 옵션 등

07 공정무역에 대한 관심이 필요할 때

세 줄 요약

한국에서 공정무역 제품에 대한 관심이 높아지고 있다. 요즘 소비자들은 생산자에게 정당한 대가가 돌아가고 환경을 지키는 방식으로 만들어진 제품을 선호한다.

　한국에서 공정무역 제품에 대한 관심이 점점 높아지고 있다. 이에 따라 대형마트와 온라인 쇼핑몰에서 다양한 공정무역 제품을 찾아볼 수 있게 되었다. 특히 커피, 초콜릿, 바나나처럼 일상적으로 소비되는 제품들이 인기를 끌고 있다. 이러한 흐름은 윤리적 소비에 대한 관심이 높아진 데서 비롯됐다. 이제 소비자들은 물건을 살 때 가격만 생각하지 않는다. 제품을 생산하는 과정도 중요하게 생각한다.

　공정무역이란, 생산자가 정당한 대가를 받고 안전한 환경에서 일할 수 있도록 돕는 무역 방식을 말한다. 예를 들어 커피콩 농부나 초

76

콜릿 제조자가 낮은 소비자가 때문에 생계를 유지하기 어려워지지 않도록, 적절한 비용을 지불하는 것이다. 그 덕분에 소비자가 지불한 금액 중 일부가 생산자에게 적절한 보상으로 전달된다. 이를 통해 생산자는 안정적인 수입을 보장받고, 지역 사회 전체가 자립할 수 있는 기반이 마련된다.

또한, 공정무역은 환경 보호와도 관련이 있다. 공정무역 인증을 받은 제품은 대체로 자연에 미치는 영향을 최소화하는 방식으로 생산된다. 예를 들어 농약 사용을 줄이거나 토양과 생태계를 보호하는 방식으로 농작물을 재배하는 것이다. 따라서 공정무역 제품은 지구 환경을 지키는 데에도 큰 도움이 된다.

결국 공정무역은 생산자와 소비자 모두에게 이익이 되는 거래 방식인 셈이다. 생산자는 공정한 대가를 받아 더 나은 삶을 살 수 있고, 소비자는 자신의 소비가 누군가의 삶을 지탱하는 데 도움이 된다는 점에서 만족감을 얻고 안심할 수 있다.

하지만 한국은 아직 공정무역 교육이 활발하지 않다. 공정무역을 배우고 실천하기 위한 교육을 하는 공정무역학교는 독일에 약 900개가 있지만, 한국에는 6개에 불과하다. 청소년들은 앞으로 경제 주체이자 윤리적 소비의 주체가 될 것이다. 공정무역에 대한 교육이 확대되면, 지구 반대편의 누군가가 더 공정한 대가를 받을 가능성도 높아진다. 평등한 세상을 만드는 데 한 걸음 더 다가가는 것이다.

1. 생산자들이 공정한 대가를 받고 근로 조건이 개선되도록 돕는 무역 방식은?
2. 사회적 책임을 고려하여 제품이나 서비스를 구매하는 소비 방식은?

1. 공정무역은 환경과 어떤 관련이 있나요?
2. 한국의 공정무역 교육은 어떤 상태인가요?

공정무역 교육을 확대해야 한다

최근 한국에서 공정무역 제품에 대한 관심이 늘어나고 있다. 제품의 가격보다, 공정한 과정을 거쳐 생산되었는지를 더 중요하게 생각하는 소비자들이 많아진 것이다.

그러나 한국에서는 아직 공정무역 교육이 부족한 상황이다. 공정무역 교육은 청소년들이 윤리적 소비의 중요성을 이해하고 올바른 소비 습관을 가질 수 있도록 돕기 위해 필요하다. 공정무역에 대해 배우면 자신의 소비가 사회와 환경에 어떤 영향을 끼치는지를 깨닫게 되어 책임감 있는 시민으로 성장할 수 있다.

어릴 때부터 공정무역에 대해 배우고 윤리적 소비를 실천한다면, 더 공정하고 따뜻한 사회를 만드는 데 기여하는 법을 자연스럽게 터득할 수 있다. 이러한 교육은 글로벌 시민 의식을 키우고 평등한 세상을 만드는 데 중요한 밑거름이 될 것이다.

공정무역 교육을 확대할 여력이 부족하다

최근 한국에서 공정무역 제품에 대한 관심이 커지고 있지만, 공정무역 교육을 전국적으로 확대하기에는 아직 어려움이 많다.

현재 한국에는 공정무역학교가 6개뿐이다. 공정무역 교육을 확대하자는 목소리는 커졌지만, 실질적인 준비와 자원이 부족한 실정이다. 학교나 교육기관에서 공정무역 교육을 강화하려면 교사 교육, 교재 개발, 예산 확보 등 다양한 자원이 필요하다. 특히 공정무역의 가치와 원리를 제대로 이해하고 학생들에게 전달할 수 있는 교사를 양성하려면 많은 시간과 비용이 든다. 이 때문에 단기간에 모든 학교로 확대하는 데는 현실적인 한계가 있다.

따라서, 공정무역 교육을 서두르기보다 점진적으로 확대하는 것이 바람직하다. 학교와 지역 사회가 함께 공정무역을 알리는 데서부터 시작하여 공정무역 문화를 확산시켜 나가야 할 것이다.

■ 생각 정리하기

1. 공정무역에 대해 평소 알고 있던 정보를 떠올려 보세요.

2. 윤리적 소비가 필요한 이유는 무엇일까요?

3. 학교에서 공정무역 교육을 어느 정도로, 어떻게 진행하는 것이 좋을지 의견을 말해 보세요.

정답 어휘 알기 1. 공정무역 2. 윤리적 소비 기사 이해 1. 공정무역 인증 제품은 자연에 미치는 영향을 최소화하는 방식으로 생산된다. 2. 한국에는 공정무역학교가 6개에 불과하다.

08 디드로 효과, 소비의 덫에 빠지지 않으려면

세 줄 요약

디드로 효과는 하나의 물건을 구매하면 그에 어울리는 다른 물건을 계속 사고 싶어지는 현상을 말한다. 이는 SNS나 마케팅 활동의 영향으로, 과소비로 이어질 수 있어 주의가 필요하다.

　새 학기가 되면 새 옷이나 신발을 사느라 소비가 늘어난다. 그동안 갖고 싶었던 게임기나 스마트폰을 구매하는 사람들도 많다. 그런데 흥미로운 사실이 있다. 하나의 물건을 구매하면, 그와 어울리는 다른 물건들을 계속해서 구매하고 싶어진다는 점이다. 이를 디드로 효과라고 부른다.

　디드로 효과는 프랑스의 유명한 철학자 '드니 디드로'의 이름에서 유래했다. 드니 디드로가 친구로부터 멋진 가운을 선물받았다. 그런데 그 뒤로 가운에 어울리는 다른 물건들을 계속해서 사들이게 되었다. 고급스러운 새 가운과 조화를 이루는 가구와 장식품이 필요해진 것이다. 새 스마트폰을 사면 새 휴대폰 케이스나 이어폰을 사고 싶어지는 것도 디드로 효과에 해당한다.

사람들은 물건 사이의 조화를 중요하게 생각한다. 예를 들면, 새 스마트폰을 구매했는데 낡은 핸드폰 케이스를 계속 사용하면 어색하다고 느낀다. 한편 새로운 물건을 구매하면 기분이 좋아지는데, 이 기분을 오래 유지하고 싶어서 다른 물건들을 연달아 구매하는 경우도 많다.

SNS 역시 디드로 효과를 부추기는 요인이다. 다른 사람들이 SNS를 통해 멋진 물건을 자랑하는 모습을 보면 갖고 싶어지기 때문이다. 한창 또래 친구들과의 관계가 중요한 청소년기에는 더욱 쉽게 영향받을 수 있다. 더불어 광고 등 기업의 여러 마케팅 활동 역시 사람들의 소비 심리를 자극해, 꼭 필요하지 않은 물건까지 구매하게 만든다.

누구나 디드로 효과에 영향받을 수 있다. 하지만 불필요한 물건을 무리하게 구매하면 후회하게 될 수 있으니 주의해야 한다. 디드로 효과에 지나치게 휘둘리지 않으려면 계획적으로 소비해야 한다. 예산을 미리 정해 두고 그 안에서 지출하는 습관을 들이면 좋다. 이미 가지고 있는 물건에 만족하는 태도도 필요하다. SNS에 지나치게 영향받지 않도록 주의하고, 광고를 보고 물건을 사기 전에 한 번 더 생각해 보아야 한다.

1. 하나의 물건을 구매하면 그와 어울리는 다른 물건들을 계속해서 사고 싶어지는 심리 현상은?

1. 디드로 효과는 왜 생기나요?
2. 디드로 효과를 극복하기 위한 방법을 떠올려 보세요.

디드로 효과 자극하는 마케팅 전략, 경계해야

하나의 물건을 사면, 그와 어울리는 다른 물건도 사고 싶어진다. 이렇게 하나의 소비가 또 다른 연쇄적인 소비로 이어지는 현상을 디드로 효과라고 부른다. 디드로 효과가 소비자의 심리를 자극하는 마케팅 전략과 맞물려 과소비로 이어지는 경우가 많다. 특히 청소년들은 또래 문화와 SNS의 영향으로 디드로 효과에 더욱 취약할 수 있다.

물론 디드로 효과를 무조건 부정적으로만 볼 필요는 없다. 자신의 취향과 개성을 표현하거나, 삶의 만족도를 높이려는 과정에서 자연스럽게 나타나는 심리 현상이기 때문이다. 중요한 것은 디드로 효과에 휘둘리지 않도록 경계하며 소비의 주도권을 잃지 않고, 계획적인 소비 습관을 들이는 일이다.

기업 역시 소비자의 심리를 악용하는 마케팅 전략에서 벗어나 윤리적인 소비 문화를 조성하는 데 힘써야 한다.

디드로 효과, 소비 시장의 새로운 기회

책상을 새로 들이면 의자와 스탠드까지 바꾸고 싶어지고, 노트북을 새로 사면 가방과 마우스까지 새로 장만하고 싶어진다. 이처럼 하나의 소비가 또 다른 소비로 이어지는 현상을 디드로 효과라고 부른다. 최근 이 현상은 소비자의 취향을 세분화하고, 시장의 새로운 수요를 만들어 내는 긍정적 흐름으로 주목받고 있다.

디드로 효과는 단순히 과소비를 부추기는 현상이 아니다. 소비자가 자신의 개성을 표현하고 다양한 제품을 경험하며 욕구를 충족시키는 계기가 되기도 한다. 기업 입장에서도 소비자의 변화된 욕구를 반영한 새로운 상품과 서비스를 개발할 기회가 생긴다.

물론 이러한 소비가 충동 구매로 이어질 경우, 부정적인 결과를 낳을 수 있다. 따라서 소비자는 자신의 필요와 욕구를 명확히 파악하고, 기업은 소비자의 만족도를 진정으로 높이는 제품과 서비스를 제공해야 한다.

생각 정리하기

1. 여러분이 경험한 디드로 효과를 떠올려 보세요.

2. 디드로 효과로부터 부정적인 영향을 받지 않으려면 어떻게 해야 할까요?

3. 여러분이 디드로 효과를 활용해 기업 입장에서 마케팅 전략을 세운다면 어떻게 하면 좋을지 떠올려 보세요.

정답 어휘 알기 1. 디드로 효과 기사 이해 1. 사람들이 물건 사이의 조화를 중요하게 여기기 때문이다 등 2. 예산을 미리 정해 두고, 그 안에서 지출하는 습관을 들여야 한다.

09 공유 경제, 함께 나누는 경제 모델

세 줄 요약

공유 경제는 자원을 함께 활용해 비용을 줄이고 효율성을 높이는 경제 모델이다. 공유 경제 모델은 빠르게 확산되고 있지만 법적 문제, 안전과 보안, 기존 산업과의 갈등 등의 문제가 우려된다.

공유 경제가 확산되고 있다. 공유 경제는 사람들이 가진 자원이나 서비스를 서로 공유하여 함께 활용하는 경제 모델을 말한다. 이는 낭비를 줄이고 비용을 절감하는 방식으로, 자원을 효율적으로 사용할 수 있다. 특히 디지털 기술의 발전 덕분에 공유 경제는 더욱 빠르게 확산되고 있다.

대표적인 사례로는 차량 공유 서비스인 '우버(Uber)'와 숙박 공유 서비스인 '에어비앤비(Airbnb)'가 있다. 예전에는 차나 집을 소유하는 것이 중요했지만 이제는 필요할 때만 빌려서 이용하는 시대가 되었다. 우버를 이용하면 원하는 시간에 차량을 호출해 탈 수 있고, 에어비앤비를 통해서는 호텔 등 기존 숙박 시설보다 더 다양한 조건의 집을 골라 숙박할 수 있다.

공유 경제의 가장 큰 장점은 비용을 아낄 수 있다는 것이다. 차량이나 집을 소유하지 않아도 필요할 때만 이용할 수 있어 유지비와 관리비 부담을 줄일 수 있다. 또한 자원을 여러 사람이 함께 사용함으로써, 더 적은 자원으로 더 많은 사람이 혜택을 누릴 수 있다. 이런 방식은 환경 보호에도 도움이 된다. 물건이나 공간을 함께 사용하는 것만으로도 불필요한 낭비를 줄일 수 있기 때문이다.

하지만 해결해야 할 과제도 남아 있다. 첫째, 법적 보호가 충분하지 않은 경우가 있다. 공유 서비스를 제공하는 사람이 법적으로 보호받지 못하거나, 이용 중 발생한 문제를 해결하기 어려울 수 있다. 둘째, 안전과 보안의 문제가 있다. 차량이나 집을 빌려 쓰는 과정에서 개인정보가 유출되거나 안전사고가 생길 위험이 있다. 마지막으로, 기존 산업과의 갈등이 생길 수 있다. 우버나 에어비앤비 같은 서비스는 기존 택시업계나 숙박업계와 수익 구조가 다르기 때문이다. 기존 업체들과 공정하게 경쟁할 수 있는 환경을 만들기 위한 제도 정비가 필요하다.

이러한 한계가 있음에도 불구하고, 공유 경제는 계속해서 빠르게 확산될 것으로 보인다. 특히 젊은 세대는 환경 보호와 자원 활용의 효율성에 높은 관심을 보이며, 공유 경제를 통해 새로운 경제적 기회를 만들어가고 있다.

1. 사람들이 가진 자원이나 서비스를 서로 공유하여 함께 활용하는 경제
   모델은?

1. 공유 경제의 대표적인 사례 두 가지는 무엇인가요?
2. 공유 경제의 장점은 무엇인가요?

불안정한 일자리를 확산하는 공유 경제의 그림자

최근 공유 경제가 빠르게 성장하며 우리 사회에 변화의 바람을 일으키고 있다. 자동차나 집을 공유하는 플랫폼이 생기는 등 다양한 형태의 공유 서비스가 등장해 새로운 가치를 창출하고 있는 것이다.

하지만 그 이면에는 불안정한 일자리가 늘어난다는 문제가 있다. 공유 서비스의 대부분은 정규직 고용이 아닌 플랫폼 노동 형태로 운영된다. 운전 기사, 숙소 제공자, 배달원처럼 플랫폼을 통해 일감을 얻는 사람들은 일감이 끊기면 바로 소득이 사라지는 것이다.

공유 경제의 지속 가능한 발전을 위해서는 불안정한 일자리 문제를 해결할, 정부의 적절한 규제와 지원이 필요하다. 공유 경제가 우리 사회에 긍정적인 영향을 미칠 수 있도록 지혜로운 접근이 필요한 때다.

공유 경제, 혁신과 효율성의 새로운 발견

공유 경제는 정보통신 기술의 발달과 함께 등장한 혁신적인 경제 모델이다. 자동차를 소유하지 않아도 필요한 시간만큼 이용할 수 있고, 남는 방을 여행객에게 빌려주어 수익을 창출할 수 있다.

공유 경제는 자원 낭비를 줄여 환경 보호에 기여하며, 새로운 일자리를 늘려 경제 활성화에도 도움이 된다. 특히 청년층에게는 새로운 창업 모델이라는 점에서 긍정적인 변화로 작용하고 있다.

물론 해결해야 할 과제도 존재한다. 하지만 이는 새로운 기술과 산업이 등장할 때마다 발생하는 자연스러운 현상이며, 사회적 합의와 제도 개선을 통해 충분히 해결할 수 있다. 공유 경제는 우리 사회의 경제 구조를 혁신할 충분한 가능성을 지니고 있다.

■ 생각 정리하기

1. 여러분이 안 쓰는 물건을 친구와 공유하거나 교환하려면 어떻게 하는 것이 좋을까요?
2. 친구 사이에 서로 재능을 공유하거나 교환하려면 무엇이 좋을까요?
3. 물건을 소유하는 것과 공유하는 것 중 어느 쪽이 더 나을까요?
4. 공유 경제가 우리 사회에 주는 영향에 대해 어떻게 생각하나요?

정답 어휘 알기 1. 공유 경제 기사 이해 1. 우버, 에어비앤비 2. 낭비를 줄이고 비용을 절감하는 방식이라 자원을 효율적으로 사용할 수 있다.

10 다시 뜨거워지고 있는 설탕세 도입 논쟁

세 줄 요약

우리나라에 설탕세를 도입하자는 논의가 다시 시작됐다. 찬성 측은 국민 건강 증진과 재정 절감을 위해 필요하다고 하지만, 반대 측은 물가 상승과 인공 감미료 소비 증가를 우려하고 있다.

우리나라에 설탕세를 도입하자는 주장이 제기되고 있다. 우리나라 사람들은 세계보건기구(WHO) 권장 기준보다 설탕을 많이 섭취한다. 특히 여학생과 유아의 설탕 섭취량이 높아지고 있다. 세계보건기구는 하루 총 열량의 5%미만만 첨가당으로 섭취할 것을 권장하고 있다. 하지만 소비자 입장에서는 식품을 구입하거나 섭취할 때마다 첨가당을 확인하여 권장 기준에 맞게 조정하는 일이 쉽지 않다.

오늘날 설탕은 매우 흔하고 값싼 식료품이 되었다. 설탕은 온갖 요리에 쓰이고 있다. 때로는 한 요리에 지나치게 많은 설탕이 들어

가기도 한다. 그렇다 보니 설탕이 비만, 당뇨, 심혈관 질환 등 온갖 만성 질환의 주범이 되었다.

이 때문에 전문가들은 설탕이 많이 들어간 식품과 음료에 세금을 매기자고 주장하기도 한다. 세계보건기구가 2016년 설탕세를 도입할 것을 권한 후 현재는 프랑스, 영국 등 120여 개 나라가 설탕세를 부과하고 있다. 우리나라도 과거 설탕세 도입에 대한 논의가 이루어졌다가 최근 들어 다시 화제가 된 것이다.

설탕세 도입을 찬성하는 사람들은 이미 국민 건강이 위험 수준이라고 지적한다. 설탕세를 도입하면 국민들의 건강 상태가 개선될 뿐 아니라, 설탕으로 인한 질병에 걸린 사람들 때문에 지출하는 나라의 비용 또한 아낄 수 있다고 본다.

한편, 반대의 목소리도 만만치 않다. 설탕세를 부과하기 시작하면 오히려 사람들이 설탕이 아닌 다른 인공적인 재료로 달게 만든 음식을 먹게 될 가능성이 높다는 것이다. 처음에는 설탕세를 내거나 설탕을 대체할 방법을 마련하기 위해 기업의 부담이 커지는 것 같지만, 결국 식재료 값이 인상되어 그 부담이 고스란히 소비자에게 돌아갈 것이라고 지적한다.

인도네시아도 물가 상승을 염려하여 설탕세 도입을 2026년으로 연기한 상태다. 국민들의 건강도 중요하지만 나라의 경제 상황도 고려해야 한다는 것이 이유였다. 우리나라 정부 역시 설탕세 도입 여부를 결정하기 위해 여러 전문가들의 의견을 종합적으로 검토하고 있는 상황이다.

1. 설탕이 많이 들어간 음식에 부과하는 세금은?

2. 세금이나 의무, 부담 같은 것을 매겨서 지우는 것을 뜻하는 단어는?

1. 설탕세를 부과하자는 주장이 나온 배경은 무엇인가요?

2. 인도네시아는 왜 설탕세 도입을 연기했나요?

설탕세, 국민을 위한 사회적 투자다

설탕은 더 이상 귀한 음식이 아니다. 값싸고 흔해져서 거의 모든 요리에 들어간다. 문제는 그로 인해 설탕이 국민 건강을 해치는 주범으로 자리 잡았다는 것이다.

이와 같은 환경에서 비만, 당뇨, 심혈관 질환 같은 만성 질환은 더 이상 개인의 문제라고만 할 수 없다. 만성 질환을 앓는 사람들이 아주 많아지면 그것이 사회 전체의 부담으로 이어지기 때문이다. 의료비 지출이 늘어나 국가 재정에도 큰 구멍을 만든다. 이미 프랑스, 영국 등 120여 개국은 설탕세를 도입해 설탕 소비를 줄이고 국민들의 건강 개선 효과를 확인했다.

우리나라도 이제는 결단할 때다. 설탕세는 국민 건강을 지키기 위한 사회적 투자다. 건강을 지키고 미래 의료비 부담을 줄이는 길은 비용을 감수하는 데서 시작된다.

설탕세, 국민의 부담을 늘릴 뿐이다

설탕세 도입에 대한 논의가 다시 불붙고 있다. 그러나 이 제도가 정말 국민 건강을 지키기 위한 가장 좋은 방법인지 냉정히 따져봐야 한다.

설탕 음료에 세금을 매기면 소비가 줄어드는 대신 사람들이 인공 감미료가 들어간 다른 음료를 찾을 수 있다. 문제는 인공 감미료의 장기적인 안전성이 확실하지 않다는 것이다. 건강을 위협하는 새로운 요소가 나타날 가능성을 무시할 수 없다.

또한 설탕세는 사실상 일반 국민들이 부담하게 된다. 겉으로 보기에는 기업이 설탕세를 부담하는 것처럼 보이지만, 결국 식료품의 가격 인상으로 소비자에게 부담이 전가될 것이기 때문이다. 국민 건강을 지키려면 무작정 세금을 부과하기보다는 올바른 식습관 교육을 통해 생활 습관을 개선하는 것이 먼저다.

생각 정리하기

1. 우리가 자주 먹는 음식 중 설탕이 많이 들어간 음식을 떠올려 보세요.

2. 설탕을 최대한 적게 먹으려면 어떻게 해야 할까요?

3. 설탕세 도입에 대해 어떻게 생각하나요?

정답 어휘 알기 1. 설탕세 2. 부과 기사 이해 1. 설탕이 온갖 만성 질환의 주범이 되어 사람들이 건강에 악영향을 끼쳐서 2. 물가 상승을 염려해서

과학

환경

01 오픈AI, 미성년자를 위한 전용 챗GPT 서비스 시작

세 줄 요약

챗GPT 사용량이 급격히 늘어났다. 오픈AI는 청소년 보호를 위해 18세 미만 전용 챗GPT 서비스를 출시해, 청소년들이 안전하게 이용하기 위한 기능을 강화하기로 했다.

2025년 9월, 미국의 인공지능 회사 오픈AI가 챗GPT에 자녀 보호 기능을 도입했다고 밝혔다. 이는 18세 미만 사용자가 챗GPT를 보다 안전하게 사용하도록 하기 위한 조치다. 폭력적이거나 유해한 콘텐츠를 차단하고 부모 계정과 연동해 사용 시간을 관리할 수 있는 것이 특징이다.

오픈AI는 사용자의 연령을 예측하는 시스템을 개발 중이라고 밝혔다. 부모 계정과 연결된 경우, 이용자의 나이를 확인할 수 없을 때 기본적으로 청소년 모드가 적용된다. 또, 사용 시간이나 특정 기능을 제한할 수도 있다. 이번 조치는 미국 연방거래위원회(FTC)가 청소년 대상 AI 챗봇의 안전성 조사를 시작한 것에 의한 대응으로 해석된다. 그동안 미성년자가 챗GPT를 무분별하게 사용하다가 부적절한 대화나 정보에 노출될 수 있다는 문제가 꾸준히 제기되어 왔기 때문이다. 오픈AI의 CEO 샘 울트먼은 미성년자를 보호하는 것은 당연한 일이며, 앞으로도 안전장치를 지속적으로 마련할 것이라고 말했다.

한편, 챗GPT는 오픈AI가 2022년 11월 처음 공개한 대화형 AI 서비스다. 이용자의 질문에 답하거나 글을 쓰고 그림을 생성하는 등 다양한 작업을 수행할 수 있다. 출시 직후 전 세계적으로 폭발적인 인기를 끌며 직장인, 학생을 비롯한 일반 사용자들에 의해 일상 전반에서 활용되고 있다.

최근 조사에 따르면 챗GPT의 하루 평균 메시지 생성 건수는 26억 건을 넘어섰으며, 18~25세 사용자가 전체의 절반 가까이를 차지한다. 이는 청소년과 청년층이 AI 이용의 중심에 있다는 점을 보여 주며, 미성년자 보호 문제가 시급함을 시사한다. 초기에는 업무 활용 목적의 사용이 많았지만, 일상 속 대화나 여가 활용 비중이 늘어나고 있다.

이와 같은 상황 속에서 청소년 보호 기능의 필요성이 커졌고, 오픈AI는 이를 위한 장치를 순차적으로 마련하고 있다. 전문가들은 이러한 조치가 단순한 기술적 개선을 넘어, 인공지능 시대의 윤리와 책임을 강화하는 출발점이 될 것이라고 평가한다.

1. 챗GPT를 개발한 미국의 회사 이름은?

1. 챗GPT 자녀 보호 기능의 구체적인 내용을 한 가지만 떠올려 보세요.

2. 주로 업무용으로 활용하던 챗GPT를 이제는 어떤 용도로 더 많이 활용하고 있나요?

자녀 보호 기능, 청소년 보호를 위한 필수 조치이다

전문가들은 챗GPT에 도입된 자녀 보호 기능이 디지털 환경 속에서 아이들의 안전을 지키기 위한 필수 조치라고 평가한다. 폭력적이거나 유해한 콘텐츠를 차단하고, 위기 상황에서 즉시 대응할 수 있도록 설계된 이 기능 덕분에 청소년이 보다 안전하게 인공지능을 이용할 수 있을 것이다.

전 세계의 챗GPT 사용량이 급격히 늘어나고 있어 기존 필터링 시스템으로는 연령에 맞지 않는 정보 노출이나 부적절한 응답을 거르지 못할 위험이 커졌다. 청소년이 무분별하게 챗GPT를 이용할 경우, 학습 태도나 정서 발달에 부정적인 영향을 줄 수 있어 문제가 된다.

따라서 이 조치는 단순한 규제가 아니라, 아이들이 AI 시대에 건강하게 성장하도록 돕는 최소한의 안전 장치라고 보는 것이 적절하다.

자녀 보호 기능, 과잉 규제로 이어질 우려도 있다

챗GPT가 미성년자 전용 환경을 구축했다고 밝혔다. 청소년을 보호하겠다는 점에서는 충분히 필요한 조치지만, 한편으로는 미성년자의 자율성을 제한할 수 있다는 우려가 제기되고 있다.

부모 계정과 연동해 사용 시간을 제한하거나 대화 내용을 간접적으로 통제하는 기능은 청소년의 표현의 자유를 침해할 가능성이 있다.

청소년의 AI 서비스 이용을 차단·제한하는 것은 장기적인 해결책이 아니다. 청소년이 AI를 스스로 제대로 활용할 수 있는 방향으로 나아가야 한다. 이를 위해서는 청소년에게 올바른 활용법을 가르치고 스스로 윤리적 기준을 세울 수 있도록 도와야 한다.

생각 정리하기

1. 미성년자가 챗GPT를 사용할 경우 생기는 문제점은 무엇이 있을까요?

2. 여러분의 챗GPT 사용 경험, 또는 들어본 사례를 생각해 보세요.

3. 미성년자 전용 환경에는 어떤 기능이 필요할지 생각해 보세요.

4. 오픈AI가 미성년자 전용 환경을 구축하려는 것에 대해 어떻게 생각하나요?

정답 어휘 알기 1. 오픈AI 기사 이해 1. 폭력적이거나 미성년자에게 해가 되는 콘텐츠를 차단한다. 2. 일상 속 대화나 여가 활용 비중이 늘어나고 있다.

02 15분 만에 음식 배달하는 로봇

세 줄 요약

아파트 단지에서 시범 운영한 자율주행 배달 로봇이 주민들에게 큰 호응을 얻었다. 자율주행 배달 로봇은 활용 영역을 넓혀가며 생활 속 편리함을 높이고 있다.

　어느 아파트 단지에서 자율주행 로봇이 음식을 배달하는 서비스가 시범 운영됐다. 한 로봇 회사가 2024년 12월부터 약 2개월 간 '도어 투 도어(Door to door)' 로봇 배송 서비스를 제공한 것이다. 입주민들이 인근 상가에서 음식을 주문하면 로봇이 이를 받아, 아파트 내 각 세대의 현관까지 배달했다. 로봇은 승강기를 이용해 층간 이동도 할 수 있었으며, 음식이 도착하기까지 약 15분이 소요됐다. 이 서비스는 주민들로부터 큰 호응을 얻어, 정식 도입을 위한 협의가 진행되었다.

최근 대한민국에 이러한 자율주행 배달 로봇이 활발하게 도입되고 있다. 심지어 음식뿐 아니라 다른 영역까지 배달 범위를 넓히고 있다. 사람의 도움 없이 로봇이 알아서 승강기를 타고 같은 건물의 다른 사람에게 물품을 배달하는 시스템까지 나왔다. 자율주행 배달 로봇 서비스는 사람들의 생활을 실질적으로 편리하게 만들어 주는 중요한 기술로 자리 잡고 있다.

배달 로봇의 발전은 물류 산업 전반에 걸쳐 큰 영향을 미칠 것으로 예상된다. 현재 많은 기업들이 자율주행 로봇을 활발하게 개발하고 있다. 주요 기업들은 GPS와 레이더 센서를 대신해, 멀티카메라와 AI 기반의 인공지능 기술을 활용한 자율주행을 실현하고 있다.

앞으로 배달 로봇은 다양한 분야에서 활약할 것이다. 상업 공간에서는 로봇을 이용한 물품 운반이 일상화될 것이며, 의료 및 공공 서비스 분야에서도 로봇을 활용할 가능성이 크다. 배달 로봇은 점차 더 많은 곳에서, 더 많은 사람들을 위한 맞춤형 서비스를 제공할 수 있을 것이다.

다만 아직 보완해야 할 점도 많다. 사고나 고장이 날 경우를 대비해 관련 제도를 마련해야 한다. 로봇이 복잡한 환경에서 무리 없이 이동할 수 있는 기술도 필요하다. 특히 로봇이 실제 도심 환경에서 안전하게 이동하려면 보행자 보호, 교통 신호 인식 등 여러 기술 검증이 충분히 이루어져야 한다. 연관 기업들이 투자하고 협력함으로써 앞서 언급한 문제점을 보완하면, 자율주행 로봇이 일상에 더욱 빠르게 자리 잡을 것이다.

1. 사람의 직접적인 조작 없이 스스로 환경을 인식하고, 목표 지점으로 이동하는 로봇은?

1. 현재 배달 로봇은 주로 어디에 활용되고 있나요?
2. 앞으로 어떤 분야에서 자율주행 로봇이 활약할 것으로 예상되나요?

자율주행 배달 로봇, 물류 혁신의 시작이다

최근 서울의 한 아파트 단지에서 자율주행 로봇이 음식을 현관까지 배달하는 서비스가 시범 운영됐다. 이 서비스는 로봇이 승강기를 알아서 호출하여 아파트 내 각 세대에 음식을 배달하는 방식이었다. 이처럼 자율주행 로봇은 기존 배달 시스템에 혁신을 일으키고 있다.

자율주행 로봇은 배달 편의성을 높이기만 하는 것이 아니라, 물류 시스템 전반에 큰 영향을 미칠 것으로 예상된다. 기존에 사람이 하던 배달 업무를 로봇이 대신함으로써 효율성이 크게 증가할 것이기 때문이다. 또한 이 기술은 추후 의료, 공공 서비스 분야로 확장되어 다양한 비대면 서비스에 활용될 수 있다.

자율주행 로봇은 미래 물류 시스템의 핵심 요소로 자리 잡을 것이다. 자율주행 로봇의 성공적인 상용화를 위해 관련 기업들과 정부의 협력이 더욱 중요해진 시점이다.

자율주행 배달 로봇, 아직 미흡한 점이 많다

서울의 한 아파트에서 자율주행 로봇을 이용한 배달 서비스가 시범 운영됐다. 로봇이 알아서 각 세대에 음식을 배달하는 서비스를 제공하여, 주민들로부터 긍정적인 반응을 이끌어 냈다.

그러나 이러한 기술을 우리 생활에 실제로 적용하기에는 아직 미흡한 점이 많다. 우선, 로봇이 물건을 자동으로 내리거나 복잡한 도심 환경을 안전하게 이동하기 위해서는 기술적인 보완이 반드시 필요하다. 이뿐만 아니라, 로봇이 혹시나 사고를 일으켰을 때의 책임과 보상 문제를 어떻게 다룰지에 대한 법적 근거 마련도 필요하다.

자율주행 배달 로봇은 분명 우리의 생활을 더 편리하게 만들어 줄 기술이다. 그러나 기술적 보완, 안전 기준과 제도적 장치가 뒷받침되어야 비로소 일상에 안정적으로 자리 잡을 수 있을 것이다.

생각 정리하기

1. 자율주행 로봇이 상용화되면 생길 수 있는 문제는 무엇이 있을까요?

2. 여러분은 자율주행 로봇을 어디에서 사용하고 싶나요?

3. 자율주행 로봇이 상용화되려면 어떤 제도적 기반이 필요할까요?

정답 어휘 알기 1. 자율주행 로봇　기사 이해 1. 음식 배달 2. 물류 산업 전반, 의료 및 공공 서비스 분야 등

03 우주 개발의 미래는 어디에

> ### 세 줄 요약
>
> 국가와 민간 기업이 함께 참여하며 우주 개발이 빠르게 발전하고 있다. 각국은 화성 탐사와 상업적 우주 여행 등 다양한 목표를 추진하고 있다.

우주 개발이 계속해서 진행되고 있다. 20세기 중반부터 본격적으로 시작된 우주 탐사는 인류의 중요한 연구 분야로 자리 잡았다. 현재 우주 개발은 국가와 민간 기업이 함께 참여하며, 탐사의 범위와 목적도 점점 넓어지고 있다.

국가 주도의 우주 개발이 점점 활발하게 이루어지는 모양새다. 미국 항공우주국(NASA)은 최근 여러 우주 탐사 과제를 성공적으로 수행했다. 대표적인 예로, 2021년에 발사된 퍼서비어런스 탐사 로봇은 화성에 착륙해 화성 연구를 진전시켰다. 미국 항공우주국은 아르테

미스 프로그램을 통해 2025년까지 인간을 달에 보내고, 장기적인 탐사를 위한 기지를 건설하는 것을 목표로 하고 있다. 최근에는 여러 나라가 국제 협력 형태로 우주 탐사 연구를 함께 하는 경우도 늘어나고 있다.

중국도 우주 개발에 적극적으로 나서고 있다. 2021년에는 독자적으로 개발한 톈허 우주 정거장을 성공적으로 발사했으며, 같은 해에 중국인 우주인이 우주 정거장에 탑승해 임무를 수행했다. 중국은 2030년까지 달과 화성을 탐사하겠다는 계획을 세우고 독자적인 우주 탐사 기술을 빠르게 발전시키고 있다.

한편 민간 기업의 참여도 눈에 띄게 늘어나고 있다. 스페이스X는 상업적인 우주 여행과 화물 수송 서비스를 시작하면서 우주 산업의 흐름을 바꾸고 있다. 스페이스X는 스타십 우주선을 개발해 우주 여행을 본격적으로 상업화하려 하고 있으며, 화성 탐사를 목표로 시험 비행을 거듭하고 있다. 블루 오리진을 비롯한 다른 기업도 우주 관광을 실현하기 위한 연구를 계속하고 있다.

우주 개발은 단순히 과학 기술이 발전했다는 징표가 아니다. 앞으로의 막대한 경제적 기회를 창출하는 분야다. 더 나아가, 인류의 지속 가능한 미래를 준비하는 중요한 열쇠가 될 수 있다. 우주 개발은 몇몇 강대국에게 한정된 일이 아니라 인류 공동의 목표로 자리 잡고 있다. 각국의 정부와 기업이 계속해서 우주 개발을 위한 투자와 연구를 이어간다면, 인류는 머지않아 우주 탐사의 새로운 시대를 맞이할 수 있을 것이다.

1. 우주 공간을 탐사하고 그 자원을 활용하며, 우주와 관련된 기술을 개발하는 활동은?

1. 현재 진행 중인 우주 개발의 특징은 무엇인가요?
2. 스페이스X는 우주 개발에 대해 어떤 계획이 있나요?

우주 개발, 인류 공동의 우선 과제다

이제 우주 개발은 인류의 미래를 결정하는 중요한 과제가 되었다. 기술 개발과 경제 성장, 나아가 지속 가능한 미래를 위한 열쇠로 자리 잡은 우주 개발은 각국 정부와 민간 기업의 협력을 통해 빠르게 진행되고 있다.

우주 개발에 속도를 내기 위해서는 국제적인 협력이 더욱 중요하다. 현시점의 우주 개발은 각국이 독자적인 목표를 가지고 우주 탐사에 나서는 것에 가깝다. 하지만 우주 자원의 공유, 우주 환경 보호를 비롯해 우주에서 발생하는 다양한 문제를 조율해 나가기 위해서는 전 세계 차원의 협력이 필요하다.

우주 개발은 나라 간 경쟁 과제가 아니라, 인류가 힘을 합쳐 이루어야 할 공동의 목표가 됐다. 각국 정부와 기업은 기술 발전과 자원 활용이 우주 환경에 미치는 영향을 함께 고민해야 한다. 지속 가능한 우주 개발을 위해 힘을 합쳐야 하는 것이다.

우주 개발보다 우선해야 할 지구의 문제가 많다

우주 개발은 과학, 경제, 그리고 국가 전략 측면에서 전 세계의 주목을 받고 있다. 각국은 우주 탐사를 위해 막대한 투자를 하고 있다.

물론 우주 개발에 대한 투자도 중요해진 것은 분명하다. 하지만 지구에는 여전히 해결해야 할 과제가 많다. 빈곤, 기후 변화, 환경 파괴, 경제 불평등을 비롯한 다양한 문제들이 더 이상 미룰 수 없는 시급한 과제로 남아 있다. 우주 개발에 막대한 자원과 예산이 투입되는 동안 정작 다른 중요한 문제들이 뒷전으로 밀릴 위험이 있는 것이다.

우주 개발이 중요하더라도, 지구의 문제를 해결하고 삶의 질을 향상시키기 위한 노력이 우선되어야 한다. 우주를 향한 도전은 그 뒤에 이루어져도 늦지 않다.

생각 정리하기

1. 인류가 우주 개발을 하는 이유는 무엇일까요?

2. 우주 개발은 어디까지 실현될까요? 기사 내용을 바탕으로 상상해 보세요.

3. 우주 개발을 하는 것과 우리가 사는 지구 문제를 해결하는 것 중 어느 쪽이 더 시급하다고 생각하나요? 이유도 함께 떠올려 보세요.

정답 어휘 알기 1. 우주 개발 기사 이해 1. 국가와 민간 기업이 함께 참여하고 있다. 2. 우주 여행을 본격적으로 상업화하려 하고 있다.

04 배달 용기, 환경 오염의 주범

세 줄 요약

배달 문화 확산으로 검정색 일회용 플라스틱 용기 사용이 늘었지만, 재활용이 어려워 환경에 악영향을 끼치고 있다. 제도적 개선, 플라스틱 대체 소재 개발 등의 노력이 함께 필요하다.

편리함 때문에 지나치게 많은 플라스틱이 쓰이고 있다. 특히 배달 문화가 확산되며 플라스틱 용기 사용량이 폭발적으로 증가했다. 그 중에서도 검정색 플라스틱 용기는 음식 배달에 널리 쓰이지만 이 용기는 재활용이 어렵다는 문제가 있다.

검정색은 빛을 흡수해 자동 분류 기계가 재질을 인식할 수 없기 때문에 쓰레기 선별 과정에서 분류되지 못하고 폐기된다. 이렇게 버려진 플라스틱은 미세 플라스틱으로 분해되어 생태계에 악영향을 미치며, 궁극적으로는 인간 건강까지 위협한다. 매일 쏟아져 나오는 수많은 배달 용기가 결국 자연으로 흘러들어가고 있는 것이다.

그렇다면 왜 검정색 플라스틱을 많이 사용하는 걸까? 가장 큰 이유는 가격이다. 검정색 플라스틱은 투명 플라스틱보다 제조 단가가 낮아 음식점에서 많이 쓰인다. 또한 배달 음식의 특성상 용기가 쉽게 더러워지는데, 검정색은 얼룩이 눈에 띄지 않아 음식점에서 선호한다.

재활용률을 늘리기 위해서는 먼저 검정색 플라스틱 사용을 제한하는 것과 같은 제도 개선이 필요하다. 이미 여러 나라에서 검정색 플라스틱의 재활용 문제를 인식하고 규제를 강화하는 추세다. 일부 국가는 검정색 플라스틱 용기 대신 투명 플라스틱 용기를 사용할 것을 권장하고 있다. 우리나라도 재활용 시스템을 개선하고 플라스틱 색상과 재질을 표준화해 재활용률을 높여야 한다.

플라스틱 사용 자체를 줄이기 위한 노력도 필요하다. 소비자도 스스로 불필요한 포장을 줄이고 다회용 용기를 사용하는 등 일상 속 실천을 이어가야 한다. 더불어 플라스틱을 대체할 친환경 소재 개발에도 힘써야 한다.

환경 문제는 우리 세대만의 과제가 아니다. 오늘날 우리가 사용하는 일회용 플라스틱은 미래 세대에 큰 부담으로 작용할 수 있다. 배달 문화의 확산과 플라스틱 사용량 증가가 환경에 미치는 영향을 진지하게 고민하고, 지속 가능한 사회를 만들기 위한 작은 실천부터 시작해야 한다. 검정색 플라스틱 문제는 그중 하나일 뿐이다.

1. 폐품 따위의 용도를 바꾸거나 가공하여 다시 쓰는 것을 부르는 말은?

1. 검정색 플라스틱 용기를 재활용하기 어려운 이유는 무엇인가요?
2. 음식점에서 검정색 플라스틱 용기를 사용하는 이유는 무엇인가요?

검정색 플라스틱 사용, 현실적인 대책이 필요하다

배달 음식 포장에 쓰는 검정색 일회용 플라스틱 용기는 가격이 저렴하고 얼룩이 잘 보이지 않아 음식점에서 널리 사용된다. 그러나 이러한 종류의 플라스틱은 특히 재활용이 어려워, 환경에 부정적인 영향을 미친다.

이로 인해 검정색 플라스틱 사용을 규제해야 한다는 의견이 많다. 그러나 단순히 검정색 플라스틱을 규제하는 것으로 해결할 수 있는 문제가 아니다. 재활용 시스템 개선과 이를 뒷받침하기 위한 기술 개발이 우선되어야 한다. 또한 최근에는 검정색 플라스틱을 구별하는 새로운 기술이 개발되어, 검정색 플라스틱도 재활용이 가능해질 것으로 기대된다.

뿐만 아니라 무작정 대체 플라스틱을 사용하게 하면 이로 인한 비용 부담은 고스란히 음식점을 운영하는 자영업자에게 돌아갈 것이다. 이를 고려해서라도 기술적인 해결책을 모색하는 것이 현실적인 접근이다.

검정색 플라스틱 사용, 규제가 시급하다

배달 음식을 포장할 때 많이 쓰는 검정색 일회용 플라스틱 용기는 재활용이 잘 안 된다. 자동화된 재활용 시스템에서 검정 플라스틱은 빛을 흡수해 선별되지 못하고 대부분 그대로 버려지기 때문이다.

따라서 검정색 플라스틱 사용을 규제할 필요성이 있다. 상대적으로 재활용률이 높은 투명 플라스틱을 사용하거나, 색상과 재질을 표준화하는 것이 중요하다. 이미 해외에서는 검정색 플라스틱의 사용을 제한하려는 움직임이 시작되었다. 우리나라도 이를 따라야 할 시점이 온 것이다.

검정색 플라스틱 규제는 지속 가능한 미래를 위해서 반드시 필요한 선택이다. 정부와 기업, 소비자가 함께 협력하여 재활용률을 높이고 환경 보호에 앞장서야 한다.

생각 정리하기

1. 음식점에서 검정색 플라스틱을 사용하는 것을 법적으로 규제하면 어떤 문제가 생길까요?

2. 검정색 플라스틱 용기를 자동화된 재활용 시스템이 아닌 다른 방식으로 분류하는 방법이 있을까요?

3. 음식점에 부담을 주지 않으면서 검정색 플라스틱 사용을 줄이는 방법은 무엇이 있을까요?

정답 어휘 알기 1. 재활용 기사 이해 1. 자동화된 쓰레기 선별 과정에서 검정색은 분류되지 못하고 폐기되기 때문이다. 2. 저렴하고 얼룩이 잘 보이지 않기 때문이다.

05 탄소배출권, 기후 변화 대응을 위한 새로운 해결책

│ 세 줄 요약

탄소배출권 거래제는 기업들이 자발적으로 온실가스를 줄이게 유도하는 제도로 평가받고 있다. 그러나 일부 전문가들은 이 제도가 실제로 온실가스 감축으로 이어지는지에 대해 의문을 제기한다.

탄소 배출을 줄이기 위한 방법으로 탄소배출권 거래제를 확대해야 한다는 목소리가 커지고 있다. 탄소배출권 거래제는 정부나 국제기구가 정한 한도 안에서 기업이나 국가가 온실가스를 배출할 수 있도록 허용하는 제도다. 즉 각 기업이나 국가가 일정량의 온실가스를 배출할 수 있는 배출권을 할당받고, 그 권리를 사고팔 수 있게 하는 것이다.

탄소배출권 거래제는 경제 원리를 활용한 효과적인 기후 변화 대응책으로 떠오르고 있다. 강제적으로 온실가스 배출량을 규제하는 것이 아니라 경제적 보상을 이용하는 방식이라는 점에서 주목받는다.

최근 유럽연합(EU)은 자국 내 기업들이 배출한 이산화탄소의 양을 서로 거래할 수 있도록 허용하면서 탄소배출권 가격을 점점 높이고 있다. 이렇게 되면 기업들은 배출권을 사느라 많은 비용을 지불하지 않기 위해 자발적으로 온실가스를 줄이게 된다. 이 과정에서 친환경 기술에 대한 투자가 자연스럽게 늘어나기도 한다. 실제로 일부 기업들은 배출 비용을 줄이기 위해 에너지 효율이 높은 설비로 교체하기도 했다.

탄소배출권은 유엔기후변화협약(UNFCCC·UN Framework Convention on Climate Change)에서 발급한다. 발급된 탄소배출권은 시장에서 자유롭게 거래할 수 있다. 그러나 이 제도가 탄소 배출로 인한 환경 문제를 한번에 해결하는 만능 열쇠는 아니다. 일부 전문가들은 탄소배출권 거래가 실제로 온실가스를 줄이는 데 얼마나 효과적일지에 대해 의문을 제기한다. 실제로는 돈으로 배출권을 사버리면 그만이라고 생각해, 온실가스 배출을 줄이려고 노력하지 않는 기업들도 많기 때문이다. 또, 배출량 측정 방식이나 국가별 기준이 일관적이지 않아 형평성 문제도 제기되고 있다.

그럼에도 불구하고 탄소배출권 거래제는 기업들이 환경 보호를 위한 노력을 계속하도록 유도하는 중요한 제도로 평가받고 있다. 탄소배출권 거래제가 실제로 온실가스 감축에 도움이 되기 위해서는 규제와 관리, 감독 시스템을 강화해야 한다.

1. 지구 온난화를 유발, 가중시키는 온실가스를 배출할 권리를 부르는 말은?

1. 탄소배출권 거래제는 왜 주목받고 있나요?

2. 탄소배출권 거래제의 효용성에 대해 의문이 제기되기도 하지만, 그럼에도 여전히 유지되는 이유는 무엇인가요?

**탄소배출권 거래제,
기후 변화 대응과 지속 가능한 성장을 이끄는 길**

기후 변화에 대응하기 위한 국제 논의에서 탄소배출권 거래제를 확대해야 한다는 주장이 제기되고 있다. 각국 정부와 기업들은 이 제도를 통해 온실가스를 크게 줄일 수 있을 것이라고 기대하고 있다.

탄소배출권 거래제는 환경 보호와 경제 성장을 함께 이끌어 낼 수 있는 제도라는 점에서 주목받고 있다. 기업들이 경쟁적으로 친환경 기술과 생산 방식을 도입해, 기후 변화 대응에 더 큰 효과를 낼 수 있을 것이다. 또한, 이 과정에서 각 나라가 협력하며 전 세계적인 기후 변화 문제 해결에 힘을 모을 수 있을 것이다.

따라서 각국 정부는 배출권을 공정하고 투명하게 배분하고 제도를 철저히 관리해, 탄소배출권 거래제가 실질적인 온실가스 감축으로 이어지도록 해야 한다.

탄소배출권 거래제, 그 효과와 공정성은 의문

탄소배출권 거래제는 기후 변화 문제를 해결하기 위한 중요한 수단으로 주목받고 있다. 그러나 탄소배출권 거래가 실제로 온실가스를 줄이는 데 얼마나 효과적일지에 대한 의문이 제기되고 있다.

이 제도는 거래소에서 배출권을 사고파는 방식으로 운영된다. 배출권을 사면 그만이라고 생각하는 기업도 많기 때문에 실제 배출량 감소로 연결되기 쉽지 않다. 특히 자본이 많은 큰 기업은 손쉽게 배출권을 사들일 수 있지만, 규모가 작은 기업은 비용 부담 때문에 불리한 위치에 놓이게 된다. 또한, 개발도상국과 선진국 사이에 배출권 배분이 공정하지 않다는 문제도 있다.

따라서 탄소배출권 거래가 진정으로 온실가스를 줄이는 방법으로 자리 잡기 위해서는 강력한 감시와 규제가 필요하다. 기후 변화 해결을 위한 진정한 노력이 뒤따를 때 이 제도는 효과를 볼 수 있을 것이다.

생각 정리하기

1. 사설1에 따르면, 탄소배출권 거래 제도가 공정하게 운영되었을 경우의 이점은 무엇인가요?

2. 탄소배출권 거래제의 실제 효과에 의문이 제기되는 이유는 무엇인가요?

3. 탄소배출권 거래제로 실제로 온실가스를 줄이려면 어떤 규제나 제도가 필요할까요?

정답 어휘 알기 1. 탄소배출권 기사 이해 1. 단순히 온실가스 배출량을 규제하는 것이 아니라, 경제적 보상을 이용하는 방식이라는 점에서 주목받는다. 2. 기업들이 환경 보호를 위한 노력을 계속하도록 유도하는 제도라는 점에서 중요하기 때문이다.

06 남극의 경고, 역대 최고 기온 8.1도

세 줄 요약

기후 변화로 인해 남극 기온과 해수면이 점점 상승하는 등 강력한 재해가 일어나고 있다. 세계 각국은 파리기후협약을 이행하는 등의 노력을 기울이고 있다.

　　최근 남극 장보고과학기지에서 역대 최고 기온인 8.1도가 기록됐다. 심지어 1월에만 네 차례나 기온이 7도 이상을 기록했다. 특히 눈이 빠르게 녹고 물이 고이는 모습이 자주 관찰되고 있어 우려의 목소리가 커지고 있다, 과거에는 발견되지 않았던, 기후 변화의 징후가 나타나고 있는 것이다.

　　지구의 기후는 수백 년 동안 비교적 일정하게 유지되어 왔으나, 산업화가 진행되면서 대기 중 온실가스 농도가 급격히 높아졌다. 이산화탄소(CO_2)와 메탄(CH_4) 등의 온실가스는 태양의 열을 붙잡아 지구의 온도를 높이는 역할을 한다. 특히 20세기 후반부터 온실가스 배출량이 크게 늘어났다. 온실가스는 지구 온난화의 주된 원인으로 지목되고 있다.

현재 지구 곳곳에서는 기후 변화로 인한 다양한 현상이 나타나고 있다. 평균 기온이 계속 오르면서 극지방의 빙하가 빠른 속도로 녹고, 그로 인해 해수면이 점점 상승하고 있다. 북극의 빙하는 해마다 줄어들고 있으며, 해수면 상승으로 지대가 낮은 나라나 섬나라들이 큰 위협을 받고 있다. 또한 기후 변화는 강력한 태풍, 폭염, 홍수 같은 재해를 일으키고 있다.

기후 변화로 인한 경제적·사회적 피해도 크다. 농업과 어업처럼 기후에 민감한 산업은 이상 기후로 인해 수확량이 크게 줄어들었다. 이러한 해양 생태계의 변화가 국가 경제에 직접적인 영향을 미치기도 한다. 또한 기후 변화로 삶의 터전을 잃은 기후 난민이 늘어나면서, 국가 간 분쟁이 늘어나고 있다. 이처럼 기후 변화는 여러 방면에서 위기 상황을 일으키고 있다.

지구의 미래를 지키기 위해서는 모든 나라가 힘을 합쳐 지속 가능한 해결책을 찾아야 한다. 세계 각국은 기후 변화에 대응하기 위해 다양한 노력을 기울이고 있다. 그중 하나가 바로 파리기후협약이다. 이 협약에서 지구 평균 기온 상승을 2도 이하로 제한하고, 가능하면 1.5도 이하로 유지하자는 목표를 세웠다. 이를 실현하기 위해 각국은 탄소 배출을 줄이고, 재생 가능 에너지를 적극적으로 사용하는 등의 노력을 이어가고 있다.

1. 2015년에 채택된, 기후 변화에 대한 국제적인 협약은?
2. 지구의 기온을 상승시키는 역할을 하는, 지구 대기 중에 있는 기체는?

1. 지구 온도를 상승시키는 온실가스 두 가지는 무엇인가요?
2. 기후 변화로 인한 경제적·사회적 피해를 간단히 정리해 보세요.

기후 변화, 더 이상 미룰 수 없는 과제

최근 남극 장보고과학기지에서 역대 최고 기온 8.1도가 기록되며, 기후 변화의 심각성이 다시 한번 드러났다. 기후 변화는 이산화탄소와 메탄 등 온실가스의 급격한 증가로 더욱 심해졌다.

지구 평균 기온이 상승하면서, 빙하가 빠른 속도로 녹고 해수면이 높아지고 있다. 그 결과, 해안 도시와 섬나라들은 침수 위험에 시달리고 있으며, 극심한 폭염과 가뭄으로 농작물 피해도 심각하다. 또한 이상 기후로 인한 산불과 홍수가 잦아지면서 수많은 생명이 위협받고 있다. 이처럼 기후 변화는 지구 전체의 균형을 무너뜨리고 있다.

기후 변화가 전 지구적 위협으로 커지면서, 이에 대한 적극적인 대응이 시급하다. 탄소 배출을 줄이고 재생 에너지 비중을 높이기 위한 실질적인 행동이 필요하다. 국제 사회가 협력해 지속적인 노력을 이어갈 때, 지구의 미래를 지킬 수 있을 것이다.

기후 변화 대응, 신중해야 한다

남극 장보고과학기지에서 역대 최고 기온인 8.1도가 기록된 것은 기후 변화의 심각성을 명확히 보여 준다. 그러나 기후 변화에 대한 지나친 불안이 오히려 정책 결정에 혼선을 줄 수 있다는 지적도 있다.

지구 온난화는 분명한 위협이지만, 이에 대한 대응이 과도한 규제나 경제적 부담으로 이어지지 않도록 신중해야 한다. 탄소 배출을 줄이고 재생 에너지의 비중을 늘리는 것은 필요하지만, 기존 산업과 경제 구조에 미치는 영향도 충분히 고려해야 한다. 무조건적인 감축 정책보다, 기술 혁신과 효율 향상을 통해 현실적인 해결책을 찾는 노력이 필요하다.

각국은 환경 보호와 경제 성장을 함께 이끌어 낼 수 있는 지속 가능한 정책을 마련해야 하며, 모든 변화는 충분한 검토와 계획 속에서 실행되어야 한다.

■ 생각 정리하기 ▸

1. 기후 변화가 심각하다는 것을 느낀 경험을 떠올려 보세요..

2. 기후 변화를 늦추기 위해 세계 각국은 어떤 일을 해야 할까요?

3. 기후 변화에 대한 책임을 선진국과 개발도상국이 동등하게 져야 하는지, 그렇지 않은지 의견을 정리해 보세요.

정답 어휘 알기 1. 파리기후협약 2. 온실가스 기사 이해 1. 이산화탄소(CO_2), 메탄(CH_4) 2. 해양 생태계 변화에 따른 수확량 감소 등

07 빈번해진 국내 지진, 대응 방안은 경보 문자?

세 줄 요약

한국에서 활성단층으로 인해 지진이 자주 발생하고 있다. 따라서 지진이 발생했을 때 신속하게 대처할 수 있는 대비 체계를 갖추는 것이 중요하다.

2025년 2월 새벽, 충주에서 발생한 지진으로 한반도 곳곳에 지진 경보음이 울렸다. 지진 규모는 4.2로 추정되었다. 충청권은 물론 서울·인천·전북·경북 지역에까지 긴급재난문자가 발송되었다.

최근 들어 한국에서 지진이 빈번하게 발생하고 있다. 2023년 5월 경북 포항에서 규모 4.6의 지진이 있었고, 2022년 10월에는 경남 창원에서 규모 4.5의 지진이 발생했다. 2017년 포항에서는 규모 5.4의 강한 지진이 발생해 큰 피해를 남겼으며, 그 이후에도 비슷한 규모의 지진이 계속 이어지고 있다. 지진이 발생한 곳으로부터 멀리 떨어진 지역까지 진동이 감지되는 일도 잦아지고 있다. 예전보다 지진을 체감하는 지역의 범위가 넓어지면서 사람들의 불안감도 커지고 있다. 한국에서도 대규모 지진이 일어날 수 있다는 우려의 목소리가 커지고 있다.

한국에서 최근 지진이 자주 발생하는 것은 활성단층 때문이다. 활성단층은 지진을 일으킬 가능성이 높은 약한 단층으로, 한국의 여러 지역에 분포해 있다. 포항·경주·창원 등은 활성단층이 지나가는 지역으로, 지진 발생 위험이 높은 곳이다. 2025년 2월의 충주 지진 역시 활성단층의 영향으로 발생한 것으로 분석되고 있다. 전문가들은 활성단층 조사가 더 정밀하게 이루어져야 하며, 지역별 지진 발생 위험 지도를 체계적으로 관리해야 한다고 강조한다.

한국처럼 활성단층이 많은 지역에서는 지진을 완전히 막기 어렵다. 따라서 지진이 발생했을 때 신속하게 대처할 수 있는 대비 체계를 갖추는 것이 중요하다. 한국 정부는 지진 예측과 대응 시스템을 강화하고, 지진 대피 교육과 훈련을 확대하고 있다. 또, 지진 경보 문자를 발송해 사람들이 재난 상황을 인식하고 신속히 대피, 대처할 수 있게 하고 있다. 건축물과 시설의 내진 설계를 강화해, 지진으로 인한 피해를 최소화하려는 노력도 계속하고 있다.

시민들 역시 지진이 발생했을 때의 행동 요령을 익히고 안전한 장소로 대피하는 훈련을 생활화할 필요가 있다. 재난 상황에서도 침착하게 대응할 수 있도록, 재난 대응 체계에 대한 이해를 높이는 것도 중요하다. 이러한 대비가 이루어지면 지진으로 인한 피해를 줄일 수 있을 것이다.

1. 지진을 일으킬 가능성이 높은 약한 단층은?
2. 건물이 지진 때문에 무너지는 것을 막기 위해, 지진을 견딜 수 있도록 건축물을 설계하는 것은?

1. 최근 한국에서 대규모 지진이 일어날까 봐 우려하는 목소리가 커지게 된 까닭은 무엇인가요?
2. 지진을 완전히 예방할 수 없다고 말하는 이유는 무엇인가요?

지진 경보 문자는 반드시 필요하다

최근 한국에서 지진이 빈번하게 발생하면서 지진 경보 문자의 중요성이 커지고 있다. 2025년 2월 충주에서 규모 4.2의 지진이 발생했을 때도, 긴급재난문자가 발송되어 많은 시민이 경각심을 가질 수 있었다.

지진은 미리 막을 수 없는 자연재해이기 때문에 경보 문자를 통해 시민들이 경각심을 느끼게 하는 것이 무엇보다 중요하다. 이러한 문자가 일시적으로는 불안감을 줄 수 있지만, 혹시 모를 위기 상황에 대비하기 위한 필수적인 조치로 이해해야만 한다.

따라서 지진 경보 문자를 넓은 지역에 신속하게 발송하는 체계는 지금의 국민의 안전을 지키는 데 필요한 조치다. 경보 시스템을 지속적으로 보완하고 강화해, 시민들이 지진 발생 시 침착하게 대처할 수 있게 해야 한다.

지진 경보 문자 범위를 축소해야 한다

2025년 2월 충주에서 규모 4.2의 지진이 발생했을 당시, 충청권 뿐만 아니라 서울·인천·전북·경북 등 여러 지역에 긴급재난문자가 발송되었다. 이때 지진 경보 문자가 지나치게 먼 지역까지 발송되면서, 많은 시민들이 불안감을 호소했다.

지진 경보에는 필수적인 안전 정보가 담겨있지만, 발송 범위를 보다 정확하고 신중하게 조정할 필요가 있다. 지나치게 넓은 범위로 경보 문자가 발송되면, 실제 지진 발생 지역이 아닌 곳까지 불안이 확산될 수 있기 때문이다. 더불어, 경보 시스템에 대한 신뢰가 떨어질 우려도 있다.

따라서 지진 경보 문자의 발송 범위는 피해가 예상되는 지역으로 한정하는 것이 것이 바람직하다. 과도한 불안감을 조성하는 대신, 정확한 정보를 제공하는 것이 더 필요하다.

생각 정리하기

1. 우리나라도 지진으로부터 안전하지 않다면, 앞으로 어떻게 대비해야 할까요?

2. 지진 경보 문자를 받아본 적이 있는지, 받았을 때 어떤 생각을 했는지 떠올려 보세요.

3. 지진 경보는 지진 강도에 따라 송출되는 범위가 다릅니다. 자세히 알아보고 어느 정도 범위로 안내가 되는 것이 좋을지 생각해 보세요.

정답 어휘 알기 1. 활성단층 2. 내진 설계 기사 이해 1. 최근 지진이 자주 발생하고 있으며, 과거보다 지진을 체감하는 지역이 넓어졌기 때문이다. 2. 지진을 일으킬 가능성이 높은 약한 단층인 활성단층이 분포해서

08 실험동물 500만 시대, 과학 발전과 윤리적 고민 사이

세 줄 요약

국내 실험동물 사용량이 꾸준히 증가하면서 윤리적 문제가 계속 제기되고 있다. 이를 해결하기 위해 동물 실험을 대체할 다양한 노력이 이루어지고 있으며, 그 일환으로 3R 원칙이 제시되었다.

　국내 실험동물 사용량이 연간 500만 마리에 육박하고 있다. 그동안 동물 실험은 의약품 개발과 안전성 평가에 활용되며, 인류가 건강한 삶을 누리는 데 기여해 왔다. 하지만 동물권에 대한 윤리적 문제가 지속적으로 제기되면서 동물 실험은 끊임없는 논란의 대상이 되고 있다.

　국내 실험동물 사용량은 꾸준히 증가하는 추세다. 특히 신약의 안전성 평가를 위한 실험에 많이 쓰인다. 실험에 이용되는 동물의 종은 다양하다. 의약 실험에서는 쥐와 랫드 같은 설치류가 가장 많이 사용된다. 토끼는 피부 자극이나 안구 독성 실험에, 원숭이는 인간과 생리적 특성이 비슷하다는 이유로 에이즈나 파킨스병 연구에 이용된다. 돼지는 장기 이식 연구에, 개는 심혈관 질환 연구에 쓰이기도 한다.

과학 기술이 발전하고 새로운 의약품과 화학 물질이 개발되면서 동물 실험이 자연스럽게 늘어나고 있다. 하지만 실험 과정에서 동물들이 겪는 고통과 스트레스가 크다는 것이 알려지면서 동물권 침해에 대한 우려도 함께 커지고 있다. 실험 목적의 타당성을 철저하게 검증하여 불필요한 실험을 줄이는 제도적 장치가 필요하다는 목소리도 커지고 있다.

한편, 동물 실험을 대체하기 위한 다양한 연구도 활발히 이루어지고 있다. 세포 배양, 컴퓨터 시뮬레이션, 인공 장기를 활용하는 방법 등이 개발되고 있다. 특히 유럽을 비롯한 일부 국가는 화장품 개발 과정에서 동물 실험을 금지하고 있어, 대체 기술에 대한 연구가 더욱 활발해질 전망이다. 국제 사회에서는 동물 복지를 존중하는 연구 문화 확산이 중요한 과제로 떠오르고 있다.

그럼에도 불구하고 동물 실험을 완전히 대체하기에는 아직 기술적 한계가 존재한다. 이에 따라 국제적으로 3R 원칙이 제시되었다. 이는 실험에 사용되는 동물의 수를 줄이고(Reduction), 실험 과정에서 동물이 겪는 고통을 최소화하며(Refinement), 동물 실험을 대신할 수 있는 방법을 개발하자는(Replacement) 원칙이다. 과학 발전과 동물권 보호가 함께 나아가기 위해서는 동물 실험을 줄이기 위한 노력을 계속 해야만 한다.

1. 질병을 진단, 치료, 경감, 처치 또는 예방할 목적으로 사용되는 물질을 부르는 말은?

1. 동물실험은 주로 어떤 분야에서 하고 있나요?
2. 3R 원칙 중 한 가지만 말해 보세요.

과학 발전을 위한 동물 실험, 불가피한 선택이다

최근 국내 동물 실험에 사용되는 동물이 연간 500만 마리에 육박하면서 동물 실험의 윤리적 문제를 둘러싼 논의가 이어지고 있다. 의약품 개발과 안전성 평가 등 과학기술 발전을 위해 많은 동물이 사용되고 있기 때문이다.

그러나 인간을 위한 신약 개발은 계속되어야만 한다. 그간 인류가 수많은 질병을 극복하며 생명을 연장해 온 것도 동물 실험 덕분이다. 그러므로 동물 실험을 완전히 피하는 것은 불가능하다.

동물권에 대한 고민은 반드시 필요하다. 하지만 인간의 생명과 건강을 뒤로 미룰 수 없는 것이 현실이다. 따라서 동물실험은 이를 고려하여 신중하게 이루어지면 된다. 예를 들어 국제적으로 제시된 3R 원칙을 충실히 지킴으로써, 실험 동물이 겪는 고통을 최소화해야 할 것이다.

동물 실험, 윤리적 고민이 필요하다

국내 동물 실험에 사용되는 동물이 연간 500만 마리에 달하면서, 동물권을 둘러싼 논쟁이 다시 불거지고 있다.

인간의 삶이 소중하듯 동물의 생명도 존중받아야 한다. 따라서 동물 실험 문제에 대해 보다 진지한 고민과 사회적 논의가 필요하다. 동물 실험을 최소화하고 이를 대체할 수 있는 기술 개발을 꾸준히 이어가야 한다. 유럽에서 화장품 개발 과정에 동물 실험을 금지한 것처럼, 우리나라도 생존에 필수적이지 않은 실험에 대해서는 법적 규제 도입을 검토해야 한다.

동물권에 대한 사회적 인식이 좋아진 만큼 과학의 발전과 윤리적 책임이 함께 가는 방향으로 나아가야 한다. 사람과 동물이 함께 공존할 수 있는 세상을 만들어 가는 것이 우리 모두의 과제다.

■ 생각 정리하기

1. 동물 실험의 사례를 아는 대로 말하거나 더 조사해 보세요.

2. 인간을 위해서라면 동물 실험을 해도 될까요? 아니면 과학 기술이 더디게 발전하더라도 동물 실험을 금지해야 할까요?

3. 어쩔 수 없이 동물 실험을 해야 한다면 3R 원칙 외에 꼭 지켜야 할 것이 있을까요?

4. 유럽에서 화장품 개발에 동물 실험을 금지한 것에 대해 어떻게 생각하나요?

> **정답** 어휘 알기 1. 의약품 기사 이해 1. 의약품 개발, 안전성 평가 등 2. 실험에 사용되는 동물의 수 줄이기(Reduction), 실험 과정에서 동물이 겪는 고통 최소화하기(Refinement), 동물 실험을 대신할 수 있는 방법 개발하기(Replacement) 중

09

놀라운 능력을 뽐내는 동식물

세 줄 요약

최근 연구들은 동식물이 복잡한 소통 능력과 놀라운 생존 전략을 가지고 있음을 보여 준다. 자신을 보호하고 주변 생물과 소통하는 능력이 있는 식물, 뛰어난 인지 능력이 있는 동물이 많다.

최근 과학계에서 동식물이 우리가 상상하는 것보다 훨씬 더 놀라운 능력을 지니고 있다는 연구 결과가 쏟아지고 있다. 소통 능력, 기억 능력, 그리고 극한 환경에서도 살아남는 다양한 생존 전략까지, 동식물의 세계는 무척 신비롭다.

특히 식물의 능력은 우리의 상상을 넘어선다. 식물 중에는 스스로를 지키기 위한 다양한 방어 기작을 지닌 종이 있다. 방어 기작이란 생물이 외부의 위협이나 공격으로부터 자신을 보호하기 위해 사용하는 여러 방법을 말한다. 예를 들면 아카시아나무는 초식동물의 공격을 받으면 경보 페로몬이라는 화학 물질을 내뿜어, 주변 나무에게 위험을 알린다. 또, 잎의 떫은 맛을 내는 성분인 탄닌 함량을 높여 자신을 보호한다. 이는 식물이 그저 수동적인 존재가 아니라 능동적으로 스스로를 방어하고 다른 생물과 소통할 수 있는 생명체임을 보여 준다.

이밖에도 덩굴식물은 지지대를 찾기 위해 주변을 탐색하고, 가장 적합한 지지대를 선택해 빠르게 감아 올라간다. 최근 연구에 따르면 덩굴식물은 지지대의 위치뿐 아니라 지지대의 종류와 안정성까지 판단하는 능력을 지니고 있음이 밝혀졌다. 미모사는 건드리면 잎을 오므리는 촉각 반응으로 유명하다. 외부 자극에 민감하게 반응하여 자신을 보호하는 방어 기작이 있는 것이다. 뿐만 아니라 반복적인 자극에 익숙해지면 반응을 멈추는 등 학습 능력도 있는 것으로 밝혀져 주목받고 있다.

동물의 능력 역시 놀랍다. 돌고래, 침팬지, 까마귀에게는 도구를 사용하고 문제를 해결하는 등 뛰어난 인지 능력이 있다. 복잡한 사회적 관계를 형성하고 감정을 표현하며, 심지어 미래를 계획하는 능력까지 갖춘 경우도 있다.

극한 환경에서 살아남기 위한 동물들의 생존 전략도 경이롭다. 심해어는 빛이 전혀 없는 환경에서 발광으로 소통한다. 또, 박쥐는 초음파를 이용해 어둠 속에서 먹이를 찾는다.

이처럼 동식물은 우리가 생각하는 것보다 훨씬 더 복잡하고 놀라운 능력을 가지고 있다. 앞으로 더 많은 연구를 통해 동식물의 숨겨진 능력이 밝혀지기를 기대한다.

1. 생물이 외부의 위협이나 공격으로부터 자신을 보호하기 위해 사용하는 다양한 방법을 부르는 말은?
2. 식물에서 발견되는 폴리페놀 화합물의 일종으로, 떫은맛을 내는 것은?

1. 기사에 놀라운 능력을 지닌 것으로 소개된 동식물은 무엇이 있나요?
2. 동식물에게 어떤 놀라운 능력이 있다고 했는지 간략히 말해 보세요.

동식물의 놀라운 능력에 주목해야

최근 과학계의 연구 결과는 동식물이 우리가 상상하는 것보다 훨씬 더 복잡하고 놀라운 능력을 지니고 있음을 보여 준다. 이러한 발견은 자연을 새로운 관점에서 바라볼 것을 요구한다.

인간은 오랫동안 지구의 지배자로서 동식물을 자신보다 열등한 존재로 여겨왔다. 그러나 연구 결과에 따르면 식물 또한 복잡한 소통 체계를 갖추고 있으며, 동물은 인간과 유사한 인지 능력을 가지고 있음이 드러난다. 이는 인간이 자연의 중심이 아니라 그 일부이며, 모든 생명체가 저마다 존중받아야 할 가치를 지니고 있음을 일깨워 준다.

우리는 동식물의 놀라운 능력에 주목하고, 그들의 생존 방식과 지혜를 배워야 한다. 그것이 인간과 자연이 함께 공존하는 길이며, 지속 가능한 미래로 나아가는 첫걸음이 될 것이다.

동식물의 놀라운 능력, 인간의 잣대로 재단하지 말아야

최근 과학계에서는 동식물의 놀라운 능력에 관한 연구 결과가 잇따라 발표되고 있다. 그러나 이러한 연구 성과를 인간 중심적 시각으로 해석하는 것은 경계해야 한다.

동식물의 능력을 인간의 기준으로 평가하거나, 인간의 능력과 단순 비교하는 것은 위험하다. 예를 들어 식물의 소통 방식을 인간이 쓰는 언어와 동일시하거나, 동물의 인지 능력을 인간의 지능과 나란히 놓고 비교하는 식의 해석은 자연의 다양성을 왜곡할 수 있다.

우리는 동식물의 놀라운 능력을 인정하고 존중해야 하지만 그것을 인간의 잣대로 재단하지 말아야 한다. 동식물의 놀라운 능력에 대한 연구는 겸손한 자세로 자연을 대하고 모든 생명체를 존중해야 한다는 점을 일깨워 준다.

생각 정리하기

1. 여러분이 알고 있는 동식물의 특별한 능력은 무엇이 있나요?

2. 인간이 동식물에 대해 연구할 때 주의해야 할 점은 무엇일까요?

3. 인간이 자연의 중심이 아니라 자연의 일부라는 것을 인식해야 하는 이유는 무엇일까요?

정답 어휘 알기 1. 방어 기작 2. 탄닌 기사 이해 1. 아카시아나무, 덩굴식물, 미모사, 돌고래, 침팬지, 까마귀, 심해어, 박쥐 2. 소통 능력, 기억 능력, 극한 환경에서도 살아남는 다양한 생존 전략

10 질병 치료와 생명 연장의 놀라운 진보

세 줄 요약

과학계에서 혁신적인 기술이 개발되며 질병 치료와 수명 연장에 큰 역할을 하고 있다. 이러한 기술들은 질병을 일찍 진단하고 손상된 조직을 재생하는 등, 삶의 질을 높이고 있다.

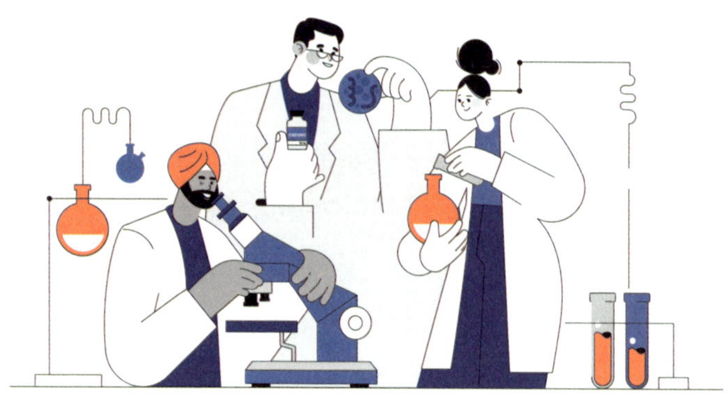

과학계에서 질병 치료와 생명 연장에 대한 연구가 활발히 진행되며 놀라운 기술이 개발되고 있다. 과거에는 상상 속 이야기로만 여겨졌던 획기적인 치료 방법이 현실로 다가오고 있는 것이다.

특히 유전자 편집 기술인 크리스퍼 캐스나인(CRISPR-Cas9)은 유전 질환 치료의 큰 가능성을 보여 주고 있다. 이 기술은 오타를 고치듯, 질병의 원인이 되는 유전자를 정확하게 수정해 근본적인 치료를 가능하게 한다. 그중 암, 에이즈(AIDS), 각종 유전 질환에 대한 연구가 활발히 진행되고 있다. 일부 질환은 임상 시험을 통해 이미 치료 효과를 확인하기도 했다.

노화 연구도 빠르게 발전하고 있다. 과거에는 자연스러운 현상으로 여겨졌던 노화를 이제는 하나의 질병으로 보고, 이를 늦추거나 막으려는 시도가 이루어지고 있다. 텔로미어 복구, 유전자 편집, 나노 기술 등 첨단 기술을 활용해 노화를 늦추고 수명을 늘리는 연구가 이어지고 있다.

질병 진단과 치료 분야에서는 인공지능이 주목할 만한 성과를 내고 있다. 인공지능은 방대한 의료 데이터를 분석해 질병을 미리 진단하고 환자에게 맞춤형 치료법을 제시한다. 또한 인공지능을 활용해 신약 개발, 로봇 수술, 원격 의료를 연구하는 등 다양한 분야에서 혁신적인 변화가 일어나고 있다.

줄기세포 치료는 난치병 치료의 새로운 희망으로 떠오르고 있다. 줄기세포는 아직 특정한 형태로 자라지 않은 세포로, 상황에 따라 근육, 신경, 혈액 등 여러 조직으로 변할 수 있다. 줄기세포는 다양한 조직으로 분화할 수 있는 능력을 가지고 있어, 손상된 조직을 재생하고 질병을 치료하는 데 활용된다. 난치병 치료, 장기 이식, 퇴행성 질환 치료를 위한 줄기세포 연구가 활발히 진행 중인데, 일부 질환에서는 임상 시험에서 긍정적인 성과가 보고되었다.

이러한 기술은 인류의 수명을 연장하고 삶의 질을 높이는 데 큰 도움이 될 것으로 기대된다. 하지만 기술이 빠르게 발전할수록 부작용과 오남용에 대한 우려도 커지고 있다. 윤리적 문제와 안전성 등 해결해야 할 과제도 많다. 따라서 과학자들은 신중하고 책임감 있는 자세로 연구를 이어가야 한다.

1. 다양한 종류의 세포로 변할 수 있는 능력을 가지고 있어 손상된 조직을 재생하는 데 사용하는 것은?

1. 인공지능을 의료 분야에서 어떻게 활용하나요?
2. 질병 치료를 기술과 관련해 남은 과제는 무엇인가요?

생명 연장 기술, 모두가 환영할 일이다

과학 기술이 발전하며 질병 치료와 생명 연장이라는 꿈이 현실에 더 가까워지고 있다. 유전자 편집 기술, 인공지능, 줄기세포 치료 등 놀라운 기술들은 인간의 수명을 더 길게 늘려 줄 것이다.

이러한 기술은 암이나 유전 질환 같은 심각한 병을 치료할 수 있게 해 준다. 이제는 난치병도 치료할 수 있다는 희망이 생긴 것이다. 노화를 늦추는 기술은 인간을 더 건강하게 살 수 있게 해 줄 것이다.

생명 연장 기술은 단순히 오래 사는 것이 아니라 건강하게 오래 사는 것을 목표로 한다. 이 기술이 발전할수록 노인 삶의 질도 더욱 높아질 것이다. 건강한 노인이 늘어나면 경험이 풍부한 어른들이 사회 활동에 적극 참여 하며 다양한 방식으로 사회에 기여하게 될 것이다.

생명 연장 기술, 진지하게 생각해야 한다

최근 질병 치료와 생명 연장을 위한 과학 기술이 빠르게 발전하고 있다. 그러나 기술의 발전이 언제나 좋은 결과만을 가져오는 것은 아니다. 유전자 편집, 인공지능, 줄기세포 치료 등의 기술은 분명 많은 혜택을 주지만, 동시에 큰 위험도 안고 있다.

유전자 편집 기술은 잘못 사용될 경우, 예상치 못한 부작용이나 새로운 질병을 일으킬 수 있다. 또한 이러한 기술이 일부 부유한 사람들에게만 적용된다면 사회적 불평등이 심화될 수 있다.

자연의 섭리를 거스르는 것에 대한 윤리적 논의도 중요하다. 인간의 수명이 크게 늘어나면 지구 자원 부족, 일자리 감소, 연금 제도 부담 증대 등 다양한 사회 문제가 뒤따를 수 있다. 기술의 발전은 분명 필요하지만, 그 전에 어떤 방향으로 나아가야 할지에 대한 깊은 논의가 선행되어야 한다.

■ 생각 정리하기 ▶

1. 의료 기술이 발전하며 인간의 수명은 많이 늘어났습니다. 여러분이 겪은 의료 혜택을 떠올려 보세요.

2. 의료 기술로 생명을 연장하는 것은 어떤 문제가 있을까요?

3. 질병 치료에 인공지능이 활용되는 것의 장점은 무엇일까요?

4. 생명 연장을 위한 기술 개발에 대한 의견을 밝히고 근거도 떠올려 보세요.

정답 어휘 알기 1. 줄기세포 기사 이해 1. AI로 방대한 의료 데이터를 분석해 질병을 일찍 진단한다 등 2. 윤리 문제, 안전성

교육

01 수업 중 스마트폰 금지법 통과

세 줄 요약

2026년 1월부터 전국 초·중·고등학교에서 수업 중 스마트폰을 사용하는 것이 금지되었다. 학생들의 학습권 보장과 정서 발달을 위한 조치지만 학생들의 자율권을 무시한 정책이라는 의견도 있다.

전국 모든 초·중·고등학교에서 수업 시간 중 스마트폰을 사용하는 것이 법으로 금지되었다. 지난 2025년 8월, 이 내용을 담은 '초·중등교육법 개정안'이 국회 본회의를 통과했다. 이 법은 학생들이 학교에서 스마트폰에 지나치게 의존하면 공부에 방해가 되고 정서 발달에도 부정적인 영향을 줄 수 있다는 우려에서 추진되었다. 2026년 1월부터 정식 시행된다.

이 개정안은 수업 중 스마트폰 사용을 제한하는 것이 핵심이지만, 학교장이나 교사의 판단에 따라 재량껏 교실에서의 스마트 기기 사용이나 소지 자체를 금지하는 학칙을 만들 수 있다. 다만 장애가 있거나 특수교육이 필요한 학생을 위한 경우, 또는 수업을 위해 교육 목적으로 사용하는 경우에는 예외적으로 허용한다.

학생들이 스마트폰에 과도하게 의존하는 것은 이미 심각한 사회 문제다. 스마트폰은 집중력 저하뿐 아니라 친구들과의 대화나 관계 형성에도 악영향을 끼치고 있다. 전문가들은 스마트폰 사용 시간이 늘어날수록 수면의 질이 떨어지고 학습 효율이 낮아진다고 지적한다. 일부 학부모는 소셜미디어를 통한 집단 괴롭힘이나 학교폭력이 늘어나고 있다며, 스마트폰 사용 제한이 필요하다고 주장한다.

해외에서도 비슷한 움직임이 나타나고 있다. 미국 뉴욕시는 새 학기를 맞아 모든 공립학교에서 교내 휴대전화 사용을 전면 금지하는 '벨 투 벨(Bell - to - bell)' 정책을 시행했다. 이는 수업 시작 종이 울린 뒤로 수업이 끝나는 종이 울릴 때까지 휴대전화를 사용할 수 없게 하는 정책이다. 이전까지는 각 학교가 자율적으로 금지했지만, 이제는 모든 학교가 의무적으로 금지해야 한다. 프랑스와 스페인 등 일부 유럽 국가에서도 이미 교내 휴대전화 사용을 제한하고 있으며, 이로 인해 학생들의 학습 집중도가 높아졌다는 조사 결과도 보고되었다.

이번 법안을 발의한 의원은 이것이 학생들이 충분히 배우고 행복하게 성장할 권리를 지키기 위한 최소한의 조치라고 밝혔다. 하지만 학생들의 자율권을 침해하는 법안이라는 의견도 있다. 학생들이 학교와 학원만 오가느라 바빠 친구들과 소통할 수 있는 거의 유일한 곳이 온라인 공간이라는 현실을 무시한 정책이라는 지적이다.

1. 이미 만들어진 법이나 규칙을 고치려고 새로 내놓는 안은?
2. 국회의원이나 단체가 새로운 법이나 제도를 만들자고 제안하는 것은?

1. 학교 내 스마트폰 사용 금지에서 제외되는 사례는 무엇인가요?
2. 이번 법안을 발의한 이유가 무엇이라고 했나요?

스마트폰 금지법, 학생들을 위한 필수 조치다

2026년부터 시행되는 초·중·고등학교 수업 중 스마트폰 사용 금지법은 반드시 필요했던 조치다. 이미 학생들이 과도한 스마트폰 사용으로 학습 방해과 관계 단절 등 여러 문제를 겪고 있기 때문이다.

학교는 학생들의 학습과 정서 발달이 이루어지는 공간이어야 한다. 수업 시간에 스마트폰을 내려놓음으로써 아이들은 스스로 집중하고 사고하는 힘을 키울 수 있다. 학교 현장이 먼저 변화해야 학생들도 올바른 스마트폰 이용 습관을 만들 수 있다. 뉴욕을 비롯한 해외에서도 교내 휴대전화 사용을 전면 금지하는 정책을 시행하고 있다.

이번 법안은 단순한 규제가 아니라 학생들의 학습권과 행복권을 지키기 위한 최소한의 장치다. 앞으로 학교와 교사는 이 법안이 교육 현장에서 안정적으로 기능할 수 있도록 더욱 힘써야 할 것이다.

스마트폰 금지법, 학생 자율권을 침해하는 과잉 규제다

스마트폰 사용을 법으로 일률적으로 금지하는 것은 학생들의 자율권을 무시한 과도한 규제다.

학생들은 학교와 학원만 오가는 빡빡한 생활 속에서 온라인 소통을 통해 친구 관계를 이어가고 있다. 이러한 상황 속에서 스마트폰 사용을 금지해 버리는 것은 현실을 외면한 조치일 뿐이다. 게다가 수업 중 스마트폰 사용을 지도하고 통제하는 일은 국가가 법으로 강제할 문제가 아니라 교사가 지도해야 할 일이다.

오히려 디지털 기기를 올바르게 활용하는 방법을 가르치는 것이 장기적으로 더 효과적이다. 스마트폰 금지법은 학생들의 현실을 무시한 보여주기식 정책이 될 수 있다. 진정한 해법은 규제보다 교육에 있다.

생각 정리하기

1. 교내에서 스마트폰을 사용할 때 생기는 장점은 무엇인가요?

2. 교내에서 스마트폰을 사용할 때 생기는 단점은 무엇인가요?

3. 스마트폰 금지와 올바른 사용법을 가르치는 것, 어느 쪽이 더 효과적일까요?

정답 어휘 알기 1. 개정안 2. 발의 기사 이해 1. 장애가 있거나 특수교육이 필요한 학생을 위한 경우, 또는 수업을 위해 교육 목적으로 사용하는 경우 2. 학생들의 충분히 배우고 행복하게 성장할 권리를 지키기 위한 최소한의 조치라고 밝혔다.

02 학교폭력, 장애 학생에 대한 심각한 위협

세 줄 요약

장애를 가진 학생이 폭력 피해를 입는 사례가 늘고 있다. 장애 학생은 표현 능력이 제한되어 신고하거나 도움을 요청하기 어려워, 장애 학생을 위한 보호 조치와 지원 체계를 강화해야 한다.

　　최근 한국 사회에서 학교폭력 문제가 심각하게 대두되고 있다. 그중에서도 장애가 있는 학생들이 학교폭력의 대상이 되는 사례가 늘어나면서 많은 이들이 우려하고 있다.

　　특히 지적 장애를 가진 학생이 동급생에게 괴롭힘을 당하는 사건이 잇따르고 있다. 동급생이 발로 밟은 젤리를 먹이거나 쓰레기, 실내화, 배구공 등을 던지는 등의 행동을 한 사건이 있었으나 피해 학생은 저항하지 못했다. 장애 학생이 사고력이나 언어 능력이 부족한 경우, 자신이 겪은 일을 제대로 알리기 어렵고 적절히 대응하기 힘들다.

　자폐성 장애를 가진 학생이 동급생에게 이유 없이 폭행과 괴롭힘을 당한 사건도 있었다. 그러나 학교의 부실한 대응으로 인해 피해 학생은 결국 일반학교를 떠나 특수학교로 전학을 가야 했다.

　이러한 사례들은 장애 학생이 학교에서 겪는 폭력이 얼마나 심각한지를 보여 준다. 교육부 조사에 따르면 장애 학생의 학교폭력 피해 응답률은 1.9%로, 언어폭력·신체폭력·집단 따돌림 등이 주요 피해 유형으로 나타났다. 장애 학생 중에는 표현 능력이 제한된 경우가 많아, 폭력을 당해도 이를 신고하거나 도움을 요청하기 어렵다는 점도 고려해야 한다.

　학교폭력은 학생들 사이에서 일어나는 단순한 갈등이 아니라, 한 사람의 신체적·정서적 건강을 해치고 사회 전체의 안전과 신뢰를 무너뜨리는 심각한 문제다. 따라서 학교와 사회는 장애 학생을 위한 특별한 보호 조치를 마련해야 한다. 학교 안에서는 장애 학생의 특성을 고려한 상담 프로그램과 지원 체계를 강화하고, 교사와 학생을 대상으로 한 장애 인식 개선 교육도 확대해야 한다. 또한 학교폭력 신고 절차를 명확히 하고, 피해 학생이 다시 학교로 돌아올 수 있는 안전한 환경을 만드는 것도 중요하다. 특히 장애 학생에 대한 폭력은 또래 학생들의 무지와 편견에서 비롯된 경우가 많아, 올바른 인식 개선이 무엇보다 중요하다.

　학교폭력 문제는 우리 사회의 지속 가능한 발전을 위해 반드시 해결해야 할 과제다. 장애를 가진 학생이 차별과 폭력 없이 안전하고 행복하게 학교생활을 하기 위해서는 모두의 노력이 필요하다.

1. 학교에서 가해지는 폭력, 또는 학생에 의해 사람에게 행해진 폭력을 가리키는 말은?

1. 장애 학생이 겪는 주요 학교폭력 피해 유형은 무엇인가요?
2. 장애 학생이 피해 사실을 알리기 어려운 이유는 무엇인가요?

학교폭력, 어른의 관심과 제도 마련이 필요하다

학교폭력은 학교의 노력만으로 해결할 수 있는 문제가 아니다. 특히 장애가 있는 학생들이 폭력의 피해자가 되는 경우, 이 문제는 학교 밖의 어른의 관심과 제도적 노력이 함께 이루어져야 해결할 수 있다. 가정, 지역 사회, 정부 등 모든 사회 구성원이 함께 나서야 한다.

학교폭력은 단지 학교 안에서 발생한 폭력 사건이 아니다. 학생들이 어떤 환경에서 자라고 어떤 가치를 배우는지와도 깊은 관련이 있다. 부모는 자녀에게 건강한 인간관계를 맺는 방법을 가르쳐야 하며, 지역 사회와 정부는 학교폭력 예방을 위한 제도적 지원을 강화해야 한다.

결국 학교폭력은 학교만의 문제가 아니라, 사회 전체의 관심과 노력으로 해결해야 하는 일이다. 학교 밖 어른들의 지속적인 관심과 제도적 지원이 함께 이루어질 때, 비로소 학생들이 안전한 환경에서 학습할 수 있을 것이다.

학교폭력, 학교 안에서 제대로 해결해야 한다

학교폭력이 심각한 사회 문제로 떠오르고 있다. 특히 장애가 있는 학생들이 폭력의 피해자가 되는 경우가 늘어나면서 우려가 커지고 있다.

학교폭력 문제는 학교 현장에서 적극적으로 해결해야 한다. 교사와 학생 간의 신뢰를 바탕으로 학교폭력 예방 교육을 강화하고, 피해 학생이 쉽게 도움을 요청할 수 있는 신고 체계를 마련해야 한다. 또한 평등과 존중의 가치를 가르치는 인성 교육을 통해 폭력적인 행동을 줄여 나가야 한다. 학교는 모든 학생이 안전하고 건강하게 성장할 수 있는 환경을 제공해야 한다.

학생들이 서로 존중하며 생활하는 학교 문화가 자리 잡아야, 진정한 배움의 공간이 완성될 것이다.

■ 생각 정리하기

1. 장애가 있는 학생이 학교폭력에 더 취약하다면, 학교 안에서 어떤 조치가 필요할까요?

2. 학교폭력을 당한 장애 학생이 전학을 가는 해결 방안에 대해서는 어떻게 생각하나요?

3. 장애 학생이 학교폭력으로부터 안전하기 위해 학교, 사회, 어른이 어떤 역할을 해야 하는지 생각해 보세요.

정답 어휘 알기 1. 학교폭력 기사 이해 1. 언어폭력, 신체폭력, 집단 따돌림 등 2. 장애 학생 중 표현 능력이 제한된 경우가 많기 때문이다.

03 의대로 몰리는 한국의 인재들

세 줄 요약

최근 의대 쏠림 현상이 심화되고 있다. 의대 진학을 위한 경쟁이 치열해지면서 다른 학문 분야의 인재가 부족해지고 있다. 정부와 교육 당국은 균형 잡힌 인재 양성을 위해 노력해야 한다.

서울대, 연세대, 고려대 등 이른바 'SKY 대학'의 다른 학과에 입학한 학생들이 의과대학 진학을 위해 자퇴하는 사례가 급증하고 있다. 심지어 합격 후 아예 등록을 하지 않는 경우도 늘고 있다. 한 대학에서는 반도체 관련 학과의 1차 합격자 전원이 등록을 포기한 사례가 있었는데, 이 역시 의대 진학을 위해 등록을 포기했을 것이라고 추측하는 사람들이 있다.

의사는 많은 학생들이 선망하는 직업이다. 최근 몇 년 사이 한국에서의 의대 선호 현상은 더욱 뚜렷해졌으며, 이는 고용 안정성과 높은 소득, 좋은 사회적 인식 등이 결합된 결과로 보인다. 의대 진학을 위한 경쟁은 점점 치열해지고 있으며, 의대에 가기 위해 재수나 반수를 선택하는 학생들도 많아지고 있다.

의대 내부에서도 쏠림 현상이 심각하다. 기초 의학 연구보다는 환자를 직접 치료하는 임상의학으로, 그중에서도 피부과나 성형외과 등 수입이 높은 진료과목으로 지원이 쏠리고 있다. 이로 인해 공공 의료나 지역 의료 분야는 인력 부족 현상이 심해져 어려움을 겪고 있다.

이 같은 현상은 한국 교육 시스템의 구조적 문제를 그대로 드러낸다. 의대 진학을 안정적이고 성공적인 삶으로 나아가기 위한 관문으로 인식하다 보니, 다른 학문 분야에서 상대적으로 인재가 부족해지는 부작용이 나타나는 것이다. 과학기술 및 인문, 사회 분야의 인재 부족은 국가의 미래 경쟁력을 갖추고 사회가 안정적으로 발전하는 데 부정적인 영향을 미친다. 다양한 분야에서의 균형 잡힌 인재 양성이 필요하다.

따라서 정부와 교육 당국은 의대 선호 현상을 완화하고 학생들이 다양한 분야에 고루 관심을 갖게 하기 위한 적절한 정책을 마련해야 한다. 의사가 되는 것만이 성공의 기준이라는 인식을 바꿔야 하는 것이다.

그렇게 하기 위해서는 학생들이 의대뿐 아니라 여러 전공을 통해 사회에 기여할 수 있도록 교육 제도와 진로 지원을 다양화할 필요가 있다. 균형 잡힌 인재 양성이야말로 국가 발전을 위한 가장 중요한 기반이 될 것이다.

1. 여러 전공 중에서도 의과대학에 진학하기 위해 몰리는 현상은?

1. 의대 쏠림 현상으로 인해 어떤 문제가 발생하고 있나요?
2. 의대 쏠림 현상을 해결하기 위해 정부가 어떤 일을 해야 한다고 밝혔나요?

의대 쏠림 현상, 교육의 균형을 위협한다

명문대학에 입학한 학생들이 의과대학에 진학하기 위해 자퇴하는 사례가 급증하고 있다. 의대 진학을 목표로 하는 학생들이 늘어나는 까닭은, 의사가 높은 사회적 지위와 경제적 보상을 보장하는 직업이라고 여겨지기 때문이다. 그러나 이러한 현상은 다른 분야의 인재 부족으로 이어지게 된다.

의대에만 집중된 인재 양성은 국가의 경제 발전과 사회의 다양성을 해칠 우려가 있다. 따라서 정부와 교육 당국은 의대 중심의 진로 쏠림을 완화하고, 학생들이 다양한 분야에 관심을 가질 수 있도록 지원하는 정책을 마련해야 한다.

예를 들어, 학생들이 다양한 전공을 직접 경험할 수 있는 진로 탐색 프로그램을 확대해야 한다. 또한 비의료 분야에 대한 장학금과 연구 지원을 강화해 여러 분야로 진로를 선택해도 안정적으로 성장할 수 있는 환경을 마련할 필요가 있다. 여러 분야에 고루 걸친 균형 잡힌 인재 양성야말로 우리 사회의 고른 발전을 위해 갖추어야 할 가장 중요한 과제다.

의대 선호, 사회 현실을 반영한 자연스러운 현상이다

최근 명문대에 입학한 학생들이 의과대학 진학을 위해 자퇴하는 사례가 늘고 있다. 의대는 안정적인 직업으로서 여전히 많은 학생들에게 매력적인 장래희망으로 여겨진다.

의대 진학을 위한 경쟁이 치열한 것은, 그만큼 의사라는 직업이 사회적으로 중요한 가치를 지닌다고 인식되기 때문이다. 의대 쏠림 현상은 한국 사회에서 의료 분야에 대한 신뢰와 기대가 여전히 크다는 사실을 반증한다.

물론 의대 쏠림이 심해지면 교육의 균형이 무너질 수 있다는 점을 경계해야 한다. 그러나 사회가 필요로 하는 분야에 인재가 집중되는 것은 자연스러운 현상이다. 더구나 의사 수요가 꾸준히 존재하는 상황에서 학생들의 진로 선택은 합리적인 판단의 연장선으로 볼 수 있다. 결국 의대 쏠림 현상은 사회 문제가 아니라 시대적 환경이 만들어낸 하나의 흐름일 뿐이며, 장기적으로 적절한 균형점을 찾아가면 될 일이다.

생각 정리하기

1. 의대로 인재가 몰리는 이유는 무엇일까요? 기사와 사설을 토대로 생각해 보세요.

2. 여러분이 생각하는, 의대 쏠림 현상의 문제는 무엇인가요?

3. 사설1에서 말한 문제를 해결할 구체적인 방법을 생각해 보세요.

정답 어휘 알기 1. 의대 쏠림 현상 기사 이해 1. 다른 학문 분야에서 인재가 부족해지는 부작용이 나타나고 있다. 2. 교육 제도와 진로 지원을 다양화해야 한다.

04 저출생과 사교육 열풍의 악순환

세 줄 요약

한국의 저출생 문제는 사교육비 증가와 밀접하게 연관되어 있다. 과도한 사교육비는 가정의 경제적 부담을 가중시키고, 어린 학생들의 정신 건강에도 심각한 영향을 미치고 있다.

　　한국의 저출생 문제가 날로 심각해지고 있다. 2023년 기준으로 한국의 출산율은 0.7명 이하로, 세계에서 가장 낮은 수준이다. 이에 따라 인구가 급격히 줄면서 노동력 부족, 경제 성장 둔화, 복지 부담 증가 등 여러 부정적인 결과가 나타나고 있다.

　　저출생 문제는 높은 사교육비와도 밀접한 관련이 있다. 사교육비가 늘수록 출산율이 줄어든다는 연구 결과가 잇따르고 있다. 한국은 사교육 의존도가 매우 높아, 많은 부모들이 자녀의 입시를 위해 막대한 비용을 들이고 있다. 일부 지역에서는 '7세 고시'라 불리는 학원 입학 시험까지 등장했다. 어떤 학원들은 입학 시험을 일부러 어렵게 출제해 학부모들의 불안감을 조성하는 공포 마케팅까지 벌이고 있다.

사교육비도 해마다 늘어나고 있다. 2023년 한국의 사교육비는 22조 원을 넘었다. 이는 10년 전보다 두 배 이상 늘어난 수치다. 많은 가정이 사교육비로 인해 경제적 부담을 느끼고 있으며, 일부는 빚을 내서까지 교육비를 충당하며 생활고에 시달리고 있다. 이처럼 교육비 때문에 가계 경제가 무너지는 현상을 에듀케이션 푸어(Education Poor)라고 부른다.

과도한 사교육은 아이들의 정신 건강에도 악영향을 준다. 최근 소아 우울증이 늘고 있다. 전문가들은 이른 시기부터 가해지는 과도한 학업 스트레스가 아이들의 뇌 발달에 부정적인 영향을 줄 수 있다고 경고한다. 부모의 기대에 부응해야 한다는 압박감은 아이들을 심리적으로 불안정하게 만들기 때문이다.

연구에 따르면 학생 1인당 월평균 사교육비가 1% 늘어날 때마다 합계출산율은 최대 0.3% 감소한다. 이는 사교육비 부담이 단순히 교육 분야에 한정되는 문제가 아니라, 국가 인구 구조 전반에 영향을 미치는 사회 문제임을 보여 준다. 대한민국의 저출생 문제와 사교육 문제는 이제 따로 떼어 생각할 수 없는 중요한 과제가 됐다. 정부는 단기적인 출산 장려 정책을 내놓는 데 머무르지 않고, 교육비 부담을 줄일 수 있는 근본적인 대책을 마련해야 한다.

1. 빚을 지면서까지 자녀의 교육비를 지출하며 빈곤한 생활을 이어가는 현상을 부르는 말은?

1. 한국의 사교육은 어떤 문제가 있는지 간단히 말해 보세요.

2. 사교육에 과도하게 의존하는 것은 어떤 문제를 일으키나요?

저출생 문제, 사교육비만 탓할 수 없다

한국은 세계 최저 수준의 출산율을 기록하며 많은 사람들이 저출생 문제의 원인으로 과도한 사교육 비용을 지적한다. 하지만 사교육비 부담은 저출생 문제의 여러 가지 요인 중 하나일 뿐이다.

저출생 문제를 해결하기 위해서는 단기적으로 사교육비를 규제하는 것보다는 근본적인 출산 및 육아 지원 정책을 마련하는 것이 필요하다. 육아휴직 확대, 보육료 지원, 주택 공급, 생애주기별 경제적 지원 등을 통해 부모의 양육 부담을 전반적으로 줄여야 한다.

정부가 종합적이고 지속적인 정책을 추진한다면 부모의 삶의 질이 높아지고 아이를 낳고 기르려는 사회 분위기도 확산될 것이다. 육아의 부담을 덜어 주는 것이 곧 저출생 문제 해결의 출발점이다.

저출생 위기에서 사교육 제한은 불가피하다

한국의 저출생 문제는 이미 심각한 수준에 이르렀다. 부모들이 자녀의 교육에 많은 투자를 하고 있는데, 그 부담이 지나치게 커지면서 출산을 꺼리는 현상이 이어지고 있다.

정부는 사교육의 과도한 확산을 제한할 필요가 있다. 사교육은 가정의 경제적 부담을 키우고, 결국 저출생 문제를 심화하는 주된 원인이 되고 있다. 사교육비는 매년 증가해 2023년에는 22조 원을 넘어섰다. 이는 10년 전보다 두 배 이상 늘어난 수치다. 따라서 사교육을 줄이고 공교육의 질을 높이는 정책이 절실하다.

정부는 공교육을 경쟁력 있게 만들어, 부모들이 사교육에 의존하지 않아도 되는 환경을 만들어야 한다. 아이를 키우는 부담이 줄어야 저출생 문제 해결의 실마리를 찾을 수 있을 것이다.

생각 정리하기

1. 일부 학원가의 과도한 불안 마케팅에 대해 어떻게 생각하나요?

2. 사교육비 부담이 저출생 문제에 어느 정도 영향을 끼칠지, 여러분의 생각을 말해 보세요.

3. 저출생 문제 해결을 위해 정부에서 사교육을 지금보다 더 제한해야 할까요?

정답 어휘 알기 1. 에듀케이션 푸어 기사 이해 1. 너무 어릴 때부터 사교육을 시키고, 사교육비도 점점 늘어나고 있다. 2. 과도한 사교육은 아이들의 정신 건강에도 악영향을 준다.

05 호주에서 청소년 SNS 이용을 규제한다고?

▌세 줄 요약

호주에서 세계 최초로 16세 미만의 SNS 사용을 규제하는 법을 시행했다. 이미 수많은 계정이 차단된 가운데, 실효성과 부작용을 둘러싼 논란이 계속되고 있다.

　호주가 세계 최초로 16세 미만 청소년의 SNS 이용을 규제하기로 했다. 2025년 12월 10일 '온라인 안전법 개정안'이 시행되었고, 소셜 미디어 플랫폼에서 사용자의 나이를 확인해 16세 미만이면 계정을 삭제하거나 차단하는 것을 나라에서 의무화했다. 만약 이를 지키지 않으면 한화로 최대 486억 원에 달하는 벌금을 내야 한다.

　호주 청소년이 주로 사용하는 플랫폼은 유튜브, 스냅챗, 페이스북, 인스타그램, 틱톡, 스레드 등이다. 규제가 시작된 후 16세 미만 사용자의 계정 약 20만 개가 비활성화되었고, 앞으로도 더 많은 계정이 제한될 것으로 보인다.

　호주에서는 청소년이 SNS를 과도하게 이용하면서 겪는 부작용에 대한 논의가 오래전부터 이어져 왔다. 한 조사에 따르면, 호주 청소년의 약 96%가 SNS를 사용한 경험이 있다. 그리고 그중 상당수는 혐오 표현이나 폭력적인 내용 등, 청소년에게 부적절한 콘텐츠를 본 적 있다고 답했다. 이러한 콘텐츠에 반복적으로 노출되면 정서에 부정적인 영향을 받을 수 있다. 실제로 많은 청소년들이 과도한 SNS 사용으로 인해 여러 정신 건강 문제를 겪고 있다.

　호주가 세계 최초로 청소년 SNS 이용을 규제한 것을 시작으로, 다른 나라에도 변화가 일어나고 있다. 말레이시아도 2026년부터 16세 미만 미성년자의 SNS 이용을 금지하기 위해 준비하고 있다. 프랑스와 덴마크도 15세 미만 아동, 청소년의 SNS 이용을 금지할 것이라고 밝혔다. 한국 역시 청소년의 과도한 SNS 이용으로 인한 문제가 심각한 상황이다. 청소년 중 약 46%가 스스로 SNS 이용 시간을 조절하는 것이 어렵다고 답한 설문조사 결과도 있었다. 이에 청소년 SNS 이용을 규제해야 한다는 논의가 이어지고 있다.

　호주의 청소년 SNS 이용 규제는 실효성이 없는 정책이라는 지적도 나오고 있다. 청소년들이 몰래 부모의 신분증을 활용하거나 우회 접속하는 등 편법을 찾아, SNS를 계속 이용할 거라는 추측이다. 이밖에도 SNS를 규제하면 오히려 더 위험한 플랫폼을 이용할 수 있다는 우려도 있다. 그럼에도 불구하고 청소년의 과도한 SNS 이용이 심각한 상황인 만큼, 이러한 규제는 불가피한 선택이라는 평가가 지배적이다. 이 제도가 실제로 어떠한 변화를 가져올지 관심이 모이고 있다.

어휘 알기

1. 원래 가는 길이나 방법을 쓰지 않고, 다른 길이나 방법으로 돌아서 하는 것을 부르는 말은?

기사 이해

1. 호주에서 청소년 SNS 사용을 규제하는 이유는 무엇인가요?
2. 호주의 영향으로 비슷한 움직임을 보이는 나라는 어디인가요?

오늘의 사설 1

청소년의 SNS 사용, 이제는 국가가 개입해야 한다

청소년들이 SNS를 접하며 폭력·혐오 영상, 사이버불링에 노출되거나 숏폼에 중독되는 일이 잦다. 그러나 청소년이 SNS를 과도하게 이용하는 문제는 개인이 자제력을 발휘하거나 가정에서 관리하는 방법으로는 해결하기 어렵다. 일단 SNS를 이용하기 시작하면 알고리즘이 자극적인 콘텐츠를 계속 추천해 사용 시간을 늘리기 때문이다. 부모가 모든 이용 상황을 일일이 감시하는 것은 현실적으로 불가능하다.

이러한 이유로 일정 연령까지는 국가가 나서서 청소년의 SNS 이용을 제한하고 보호할 필요가 있다. 16세 미만의 SNS 이용을 규제하는 것은 과도한 개입이 아니라, 아직 판단 능력이 충분하지 않은 청소년을 위험한 환경으로부터 보호하기 위한 조치다.

물론 일부 청소년들이 편법으로 SNS를 이용할 가능성도 있다. 그러나 규제가 완벽하지 않더라도, 사회가 청소년의 안전을 최우선 가치로 삼고 있다는 메시지를 주는 것만으로 의미가 크다.

SNS, 규제할 것이 아니라 사용하는 법을 가르쳐 주어야 한다

호주에서 청소년의 SNS 이용을 규제하기로 했다. 청소년들이 SNS를 과도하게 사용하면서 정신 건강 문제나 집중력 저하 등을 겪는 사례가 늘고 있기 때문이다.

그러나 SNS 이용을 규제하더라도 실질적인 효과를 거두기는 어렵다는 지적이 나온다. 청소년들이 부모의 신분증을 이용해 계정을 만들거나, 다른 방법으로 우회 접속을 시도할 수 있기 때문이다.

게다가 청소년에게 SNS는 단순한 오락 수단이 아니다. 친구와 소통하고 관계를 맺으며, 정보를 얻고 자신을 표현하는 공간이다. 이런 상황에서 SNS를 무조건 차단하는 것은 현실과 동떨어진 해결책이 될 수 있다.

따라서 청소년을 보호하기 위해서는 규제보다 교육이 더 필요하다. SNS를 어떻게 안전하게 사용해야 하는지, 어떤 콘텐츠를 조심해야 하는지, 어떻게 스스로 이용 시간을 조절하는지 등을 배우는 것이 장기적으로 더 효과적이다.

생각 정리하기

1. 여러분은 어떤 SNS를 사용해 봤나요?

2. SNS의 부작용을 겪어 본 적 있나요?

3. 우리나라도 청소년의 SNS 이용을 규제해야 한다고 생각하나요?

정답 어휘 알기 1. 우회 기사 이해 1. 많은 청소년들이 정신 건강 문제 등 과도한 SNS 이용으로 인한 부작용을 겪고 있기 때문이다. 2. 말레이시아, 프랑스, 덴마크, 한국 등

06 학생 부담 키우는 교복 가격 담합

세 줄 요약

교복 가격 담합은 오래 지속되어 온 문제로, 학생과 학부모에게 경제적 부담을 준다. 이를 해결하기 위해서는 교복 업체들이 자정하려는 노력과 함께 정부의 감시가 강화되어야 한다.

교복 가격 담합은 오랫동안 이어져 온 문제다. 일부 교복 업체들이 교복 가격을 미리 담합해서 부당한 이익을 취하고 있다는 의혹이 제기되어 왔다. 실제로 공정거래위원회는 이미 여러 차례 교복 업체들의 담합 행위를 적발하여 과징금을 부과한 바 있다. 그러나 이러한 제재에도 불구하고, 교복 가격 담합은 완전히 사라지지 않고 있다.

최근에도 한 지역의 교복 업체 대리점 세 곳이 부당한 공동 행위를 한 사실이 드러나 시정 명령을 받았다. 이들 업체는 2024년도 신업생 교복 학교 주관 구매 입찰에서 미리 가격을 합의한 것으로 밝혀졌다. 공정거래위원회는 경쟁을 피하고 더 많은 수익을 얻기 위한 목적의 부당 행위로 판단했다. 다만 참여한 업체 수가 적고 매출 규모가 크지 않아 과징금은 부과하지 않았다. 대신 재발 방지 명령을 내렸다.

우리나라는 중·고등학생이 교복을 입는 것이 일반적이다. 1886년 배재학당과 이화학당 학생들이 입기 시작한 것이 시초다. 이후 일제강점기를 거치며 전국적으로 확산되었고, 해방 이후에는 소속감과 통일성을 강조하기 위해 교복을 입는 학교들이 많아졌다. 그러나 1980년대 들어 학생들의 개성을 존중하자는 목소리가 커졌고, 1983년에는 교복 자율화 정책이 시행되었다. 하지만 이 정책은 학생들의 과도한 소비를 부추기고 학교 간 위화감을 조성한다는 비판을 받았다. 결국 1990년대 후반부터 다시 교복 착용을 권장하는 학교가 늘어나기 시작했다.

교복은 학생들이 소속감을 느끼게 하고, 옷을 따로 구입할 필요가 없어 경제적 부담이 줄어든다는 장점이 있다. 하지만 교복 가격이 비싸고 디자인이 획일적이라는 지적도 계속되고 있다. 특히 교복 가격을 담합할 경우 학생과 학부모가 큰 부담을 떠안게 된다. 더불어 교복에 대한 부정적인 인식을 심어 준다.

교복 가격 담합 문제를 해결하기 위해서는 교복 업체들이 자정하려는 노력과 함께 정부의 철저한 감시가 이루어져야 한다. 투명한 경쟁이 이루어져야만 학생들이 안심하고 교복을 구입할 수 있게 될 것이다.

어휘 알기

1. 둘 이상의 사업자가 서로 짜고 가격이나 수량 등을 결정하여 경쟁을 제한하는 행위는?
2. 법규를 위반한 사업자에게 부과하는 금전적 제재는?

기사 이해

1. 교복과 관련해 업체들이 저지른 불법 행위는 무엇인가요?
2. 우리나라에서 교복 착용은 언제부터 시작했나요?

오늘의 사설 1

교복 가격 담합, 엄중 처벌만이 답이다

최근에도 교복 업체들의 담합 행위가 적발된 일이 있었다. 공정거래위원회가 시정 명령을 내렸는데도 담합이 끊이지 않는 것은 솜방망이 처벌로는 문제를 근절할 수 없다는 점을 보여 준다.

교복 가격 담합은 학생과 학부모에게 경제적 부담을 주는 불공정 행위다. 일부 업체가 경쟁을 피하고 높은 가격을 유지해 이익을 얻는 구조를 만들고 있는 것이다. 그 결과 가계 부담이 커지고, 교복 구입에 어려움을 겪는 학생들도 생기고 있다. 이러한 문제는 공정한 교육 환경을 해치는 요인이 될 수 있으며, 시장 경제의 근간을 흔든다. 따라서 공정거래위원회는 과징금 부과에 그치는 것이 아니라, 더 강력한 처벌을 내려야 한다.

정부와 교복 업계는 실효성 있는 대책을 마련해야 한다. 공정한 거래 문화가 자리 잡을 때 비로소 학생들이 안심하고 교복을 입을 수 있을 것이다.

교복 가격 안정화, 현실적인 대안 마련해야 한다

교복 업체들의 입찰 담합 행위가 적발되었지만, 과징금 없이 시정 명령만 내려졌다. 이는 소규모 업체들의 현실적인 어려움을 고려한 결정으로 보인다. 교복 업계에는 영세한 업체들이 많아, 과도한 처벌은 경영난을 키우고 시장 경쟁력을 약화시킬 수 있기 때문이다.

따라서 교복 가격 안정화를 위해서는, 단순히 처벌을 강화하기보다는 현실적인 대안 마련이 필요하다. 학교 주관 구매를 확대하고, 여러 학교가 함께 참여하는 교복 공동 구매를 활성화해야 한다. 교복을 재활용할 수 있는 제도를 정착시켜, 학생들이 부담 없이 저렴한 교복을 구입할 수 있게 하는 것도 방법일 것이다.

이러한 시도가 이루어진다면, 교복 업체들도 자발적으로 적정한 가격을 유지하게 될 것이다. 교복 가격 안정화는 학생과 학부모의 경제적 부담을 줄여 줄 뿐 아니라, 교복에 대한 긍정적인 인식을 확산시키는 계기가 될 것이다.

생각 정리하기

1. 교복 가격에 대해 평소 어떻게 생각했나요?

2. 만약 교복이 비싸다고 생각했다면 그 이유는 무엇인가요?

3. 교복 가격을 담합하지 못하게 하려면 어떻게 해야 할까요?

4. 교복 착용에 대해 어떻게 생각하나요?

정답 어휘 알기 1. 담합 2. 과징금 기사 이해 1. 교복 가격 담합 2. 1886년, 배재학당과 이화학당 학생들이 교복을 입기 시작하면서부터

07 수업 방해 학생 분리 법안 통과

세 줄 요약

수업 방해 학생을 일시적으로 분리할 수 있는 초·중등교육법 개정안이 통과되었다. 교사 단체는 이를 환영했지만, 학생 인권 단체는 학생 인권을 침해할 수 있다는 우려를 표했다.

2025년 3월 국회 본회의에서 수업을 방해하는 학생을 일시적으로 분리할 수 있게 하는 내용을 담은 초·중등교육법 개정안이 통과되었다. 이로써 교사들은 교육 활동을 방해하는 학생을 분리할 수 있는 법적 근거를 갖게 되었다. 교사 단체는 수업 방해 학생을 분리함으로써 다른 학생들의 학습권을 보호하고 문제 학생에게 적절한 상담과 치료를 지원할 수 있게 되었다는 점에서, 환영의 뜻을 밝혔다. 반면 학생 인권 단체는 교사의 판단만으로 학생의 권리가 제한될 수 있는 점에 대해 우려를 표했다. 더불어 학생 인권을 보호할 수 있는 별도의 법안을 마련해 달라고 요구하고 있다.

수업을 방해하는 학생에 대한 문제는 학교 현장에서 꾸준히 제기되어 왔다. 과거에는 교사의 지도와 학생 스스로의 노력에 기대어 문제를 해결하는 경우가 많았다. 그러나 최근 학생 인권이 강조되며 상대적으로 교사의 지도 권한이 약해졌다. 더불어 학부모의 과도한 민원으로 학급에서 발생하는 문제에 교사가 적극적으로 개입하기 어려운 상황이 늘고 있다. 이런 상황에서 일부 학생이 계속 수업을 방해하면 다른 학생들은 수업에 집중하기 어렵게 된다. 그래서 교사들이 문제 학생을 분리하여 상담 등 적절한 도움을 줄 수 있는 제도를 마련해 달라고 요구해 온 것이다.

그러나 학생 인권 단체들은 학생을 분리하는 조치가 학생의 인권을 침해할 수 있다는 점을 지적하며 더 근본적인 해결책이 필요하다고 주장한다. 특히 정서, 행동 문제를 가진 학생이나 장애 학생을 지나치게 쉽게 분리할 수 있게 되면 학생이 문제 상황을 개선하기 더 어려워질 수 있다.

개정안이 통과되면서 학교에서 수업을 방해하는 학생을 관리하는 대응 체계가 마련되었다. 그러나 이것이 학생 인권을 침해한다는 논란은 여전히 남아 있다. 앞으로 학교는 학생을 분리할 때 신중하게 판단하고, 이 조치가 학생의 권리를 해치지 않도록 주의해야 한다. 또한 학생 인권 단체는 학생 분리 조치를 적절히 감시하며, 필요한 법안 마련을 계속 요구해야 한다. 정부 역시 학교 현장의 의견을 충분히 듣고, 교사의 수업권과 학생의 인권을 모두 지킬 수 있는 종합적인 대책 마련을 위해 노력해야 한다.

1. 사람들의 기본적인 권리와 자유를 보호하고 증진하는 것을 목표로 활동하는 조직은?

기사 이해

1. 최근 통과된 초·중등교육법 개정안에는 수업 방해 학생과 관련하여 어떤 내용이 포함되었나요?
2. 학생 인권 단체가 개정안 내용을 반대하는 이유는 무엇인가요?

오늘의 사설 1

수업 방해 학생은 분리해야 한다

수업 방해 학생을 일시적으로 분리할 수 있다는 내용을 담은 초·중등교육법 개정안이 통과되었다. 개정안은 교사들이 수업을 방해하는 학생을 분리할 수 있는 법적 근거를 제공한다.

수업 방해 학생을 분리하는 조치는 다른 학생들의 학습권을 보호하고, 교사가 교육 활동을 원활하게 진행할 수 있게 돕는 조치다. 문제 학생 스스로도 분리와 상담을 통해 자신의 행동을 돌아보고 개선할 기회를 얻을 수 있다. 특히 최근 몇 년간 학생 인권 문제가 중요하게 다루어지면서 교사의 지도 권한이 약화되었고, 학부모의 과도한 개입으로 문제 해결이 어려운 경우도 많아졌다. 이런 상황에서는 법적 개입이 필요하다.

물론 법으로만 문제를 해결하려고 해서는 안 된다. 문제 학생의 인권을 보호하면서, 어떤 학생이든 권리를 지키며 교육을 받을 수 있도록 균형 있게 관리해야 할 것이다.

수업 방해 학생 분리 조치는 신중히 이루어져야 한다

수업을 방해하는 학생을 일시적으로 분리할 수 있다는 내용을 포함한 초·중등교육법 개정안이 국회 본회의를 통과했다. 교사 단체는 학습권을 보호하고 문제 학생에게 적절한 지원을 제공할 수 있게 되었다며 이 조치를 환영했다. 반면 학생 인권 단체는 교사 개인의 임의적인 판단에 의한 분리 조치가 학생의 권리를 침해할 가능성이 있다며 우려하고 있다.

수업 방해 학생을 분리하는 조치는 또 다른 인권 침해를 낳을 수 있다. 특히 정서·행동에 어려움이 있는 학생에게는 분리해 버리는 것보다 더 근본적인 지원이 필요하다. 또한 특정한 학생을 쉽게 분리할 수 있게 하면, 학교에서 배워야 할 문제 해결 능력과 포용의 경험을 얻기 어려워진다.

따라서 수업 방해 학생을 분리할 때는 신중히 판단해야 하며, 학생 인권을 지킬 수 있는 방법을 우선해야 한다.

■ 생각 정리하기

1. 수업을 방해하는 학생을 보았던 경험을 떠올려 보세요.

2. 수업 방해 학생에게 대응할 법적 근거가 생긴다면 어떤 효과와 부작용이 있을까요?

3. 학교 안에서 벌어지는 문제를 모두 법으로 해결할 수 있을까요?

4. 수업 방해 학생 문제를 어떻게 해결하는 것이 바람직한지 생각해 보세요.

정답 어휘 알기 1. 인권 단체 기사 이해 1. 수업을 방해하는 학생을 일시적으로 분리할 수 있도록 하는 내용이 포함되었다. 2. 교사의 판단만으로 학생의 권리가 제한될 수 있기 때문이다.

08 중·고등학교 교육 격차 심화, 개별적 학습 지원 필요

세 줄 요약

중·고등학교에서 상위권과 하위권 학생 간 교육 격차가 심화되고 있다. 학교는 학생들의 개별 특성과 잠재력을 존중하는 균등한 교육 기회를 제공해야 한다.

최근 중·고등학교에서 학생들 사이의 교육 격차가 점점 심해지고 있다. 상위권 학생은 수업이 쉬워 지루해하고, 반대로 하위권 학생은 수업이 어려워 집중하기 힘들어한다. 이렇게 상위권 학생과 하위권 학생 사이의 실력 차가 크게 벌어지며, 학생들이 심리적 부담을 느끼고 있다.

학생들의 수준 차이가 커지면서 교사들은 수업 수준을 어떻게 조절해야 할지 고민에 빠졌다. 이런 격차는 단순히 개인의 노력 차이로만 설명하기 어렵다. 가정 환경, 사교육 참여 여부 등 여러 요인이 복합적으로 작용하기 때문이다.

일부 교사들은 상위권 학생에게는 더 어려운 문제를 풀게 하고, 하위권 학생에게는 기초 개념을 반복해 설명하는 방식으로 수업을 진행한다. 그러나 이러한 방식은 모든 학생의 학습 효과를 극대화하는 데 한계가 있다.

중·고등학교에서는 학생들이 각자의 진로와 목표에 맞춰 교육을 받는 것이 좋다. 하지만 오로지 성적을 기준으로 차등을 두어 수업을 받으면 자존감이 낮아지고 학습 의욕도 떨어질 수 있다. 학생 스스로 뒤쳐졌다는 생각을 하게 되면 배움에 대한 자신감이 크게 떨어질 수 있기 때문이다.

이 문제는 학생들 간의 관계에도 영향을 미친다. 상위권 학생은 더 많은 기회를 얻어 학업을 이어가지만, 하위권 학생은 기회가 제한되는 경우가 많다. 이런 상황이 이어지면 소외되는 학생이 생긴다. 하위권 학생이 학업에 대한 기대를 잃고 학교나 교사에 대한 불신을 가질 수 있는 것이다.

이처럼 교육 격차는 학생 개인의 문제가 아니라, 학교 전체의 문제다. 학교는 학생들이 다양한 배경과 능력을 지닌 개별적인 존재로 성장할 수 있는 곳이어야 한다. 따라서 단순히 성적으로 줄을 세우기보다, 학생의 특성과 잠재력을 존중하는 교육 시스템을 마련해야 한다. 모든 학생에게 고른 교육 기회를 제공하고 각자의 수준에 맞는 학습 환경을 만들어 꿈을 펼치게 해 주는 것. 그것이 지금 학교가 해야 할 일이다.

1. 학생들 간에 교육을 받을 기회나 질, 수준에서 차이가 나는 현상은?

1. 교육 격차로 인해 상위권 학생이 겪는 어려움은 무엇인가요?
2. 교육 격차로 인해 하위권 학생이 겪는 어려움은 무엇인가요?

교육 격차 해소를 위한 학생 맞춤형 개별 학습 지원 필요

중·고등학교 교육 격차가 날로 심해지고 있다. 상위권과 하위권 학생 사이의 실력 차이가 크게 벌어지면서, 학생들에게 심리적 부담으로 작용하고 있다.

이제는 성적만으로 학생을 구분하는 방식을 넘어설 필요가 있다. 학생들은 각기 다른 배경과 능력을 지니고 있기 때문에, 개인의 특성을 존중하고 수준에 맞는 맞춤형 교육을 제공하는 것이 필요하다.

교육 기회가 고르게 분배되지 않으면 하위권 학생들은 좌절감을 느끼고 상위권 학생들은 무한 경쟁 속에 지쳐가는 문제에서 벗어날 수 없을 것이다. 이런 악순환이 반복되면 학교는 서로 비교하고 경쟁하는 공간으로 변질될 수 있다.

교육의 본질은 모든 학생들에게 고른 기회를 제공하는 것이어야 한다. 이를 위해 정부와 학교는 학생 개개인의 가능성을 최대한 살릴 수 있는 환경을 만들어야 한다.

교육 격차를 해소하려면 공교육 구조 개선이 필요하다

최근 중·고등학교 내 교육 격차가 심화되고 있다. 이 때문에 교사들도 수업을 운영하는 데 큰 어려움을 겪고 있다. 그러나 이러한 격차는 단순히 학생 개인의 노력 차이로 발생하는 것이 아니라, 가정 환경, 지역, 학교가 보유한 자원 등 구조적 요인에서 비롯되는 경우가 더 많다.

앞으로의 학교는 모두를 같은 기준에 맞추는 곳이 아니라 각자의 가능성을 키울 수 있는 곳이 되어야 한다. 이를 위해서는 학교 간 자원 격차를 해소하고 공교육의 기반을 강화하는 구조적 개편이 반드시 필요하다.

상위권 학생들에게는 깊이 있는 학습 기회를, 하위권 학생들에게는 이해를 돕는 추가적인 지원을 제공하는 방식으로 학생 개개인에게 맞춤형 교육을 제공해야 한다. 궁극적으로는 모든 학생이 출발선에서 불평등을 겪지 않도록 공교육의 구조적 문제를 해결하는 일이 우선되어야 한다.

생각 정리하기

1. 여러분은 학교에서 교육 격차를 느껴 본 적 있나요?

2. 상위권 학생과 하위권 학생을 모두 포용하려면 어떤 대책이 필요할까요?

3. 교육 격차가 점점 심화되는 이유는 무엇인지 생각해 보고 대안도 떠올려 보세요.

정답 어휘 알기 1. 교육 격차 기사 이해 1. 수업이 쉬워 지루해한다. 2. 수업이 어려워 집중하기 힘들어하며, 자존감이 떨어질 수도 있다.

09 중·고등학생 생성형 AI 활용, 뜨거운 감자

세 줄 요약

생성형 AI는 학생들이 학습하는 데 도움을 준다. 그러나 지나치게 의존하면 사고력과 창의력이 저하될 수 있다. 전문가들은 학생들이 스스로 사고하고 판단하는 능력을 함께 키워야 한다고 강조한다.

생성형 AI를 활용하는 중·고등학생들이 빠르게 늘어나면서, 교육 현장에 큰 변화가 일어나고 있다. 과제를 하거나 시험을 준비하는 데 생성형 AI를 사용하는 학생들도 늘고 있다. 이로 인한 긍정적인 효과도 있지만 우려의 목소리도 커지고 있다.

학생들은 생성형 AI를 통해 방대한 자료를 빠르게 검색하고 요약하며, 복잡한 개념을 쉽게 이해하는 데 도움을 받고 있다고 말한다. 특히 영어 번역이나 작문 등 언어 학습 분야에서 큰 도움이 된다. 한 중학생은 영어 숙제를 할 때 생성형 AI가 모르는 단어나 문장을 바로 번역해줘서 시간을 많이 절약했다고 밝혔다. 또한 어려운 과학 개념이나 역사적 사건을 물어보면 생성형 AI가 눈높이에 맞게 쉽게 설명해 주어 학습 효과를 높일 수 있다.

하지만 생성형 AI에 지나치게 의존하면 학생들의 사고력과 창의력이 떨어질 수 있다는 비판도 있다. 생성형 AI에만 의존하다 보니, 스스로 생각하고 글을 쓰는 능력이 떨어지는 것 같다는 의견도 있다. 또한 생성형 AI가 제공하는 정보의 신뢰성 문제에 대한 우려도 크다. 생성형 AI가 내놓는 정보가 항상 정확한 것은 아니기 때문이다. 한 고등학생은 생성형 AI가 제공하는 정보가 틀릴 때도 있어, 답변이 사실이 맞는지 판단하기 어려울 때가 많다며 신뢰도 문제에 대한 불안감을 드러냈다.

전문가들은 생성형 AI를 교육적으로 활용하기 위해서는 학생들의 비판적 사고력과 윤리 의식을 함께 키우는 교육이 필요하다고 강조한다. 생성형 AI가 준 답을 그대로 받아들이는 대신, 스스로 판단하고 검증하는 능력을 키워야 한다는 것이다. 또한 저작권 침해나 정보 왜곡 등 생성형 AI를 활용하는 과정에서 생길 수 있는 윤리적 문제에 대한 교육도 필요하다. 전문가들은 생성형 AI를 활용한 교육이 학교에 정착하려면 교사 연수와 정책적 지원도 함께 이루어져야 한다고 덧붙였다.

생성형 AI는 교육 현장에 긍정적인 변화를 가져올 수 있는 강력한 도구다. 그러나 올바른 활용 방법을 익히고 윤리적 책임을 지니는 것이 중요하다. 학생들은 생성형 AI를 똑똑한 조력자로 활용하되 스스로 사고하고 판단하는 능력을 키워나가야 할 것이다.

1. 입력한 내용을 바탕으로 새로운 콘텐츠나 정보를 생성하는 인공지능 모델 또는 서비스는?

1. 학생들은 생성형 AI를 활용해 어떤 도움을 받을 수 있나요?
2. 학생들이 생성형 AI에 의존하면 어떤 일이 일어날 수 있나요?

생성형 AI의 활용은 자연스러운 흐름이다

생성형 AI를 활용해 공부하는 학생들이 늘고 있다. 이전에는 직접 자료를 찾아야 했지만 이제는 생성형 AI의 도움을 받아 짧은 시간 안에 정보를 정리할 수 있게 되었다. 생성형 AI는 다양한 예시를 제공해 주어, 외국어 공부를 할 때에도 효과적이다.

이러한 변화는 자유로운 흐름이다. 기술의 발전은 막을 수 없으므로 이를 올바르게 활용한다면 학생들의 학습 능력을 높이는 강력한 도구가 될 수 있다. 따라서 생성형 AI 사용을 제한하는 대신 학생들이 스스로 학습에 활용할 수 있도록 도와야 한다.

다만 생성형 AI에 지나치게 의존하면 사고력과 창의력이 떨어질 수 있다. 이런 부작용을 줄이려면 학생들이 생성형 AI를 비판적으로 활용할 수 있게 도와야 한다. 모든 기술은 도입 초기에 혼란을 겪지만, 그 시기를 잘 이겨낸다면 새로운 가능성이 열릴 것이다. 교육의 역할은 그 과도기를 슬기롭게 지나갈 수 있게 학생들을 이끄는 것이다.

생성형 AI 사용, 아직은 숙제나 과제에 적용하지 말아야 한다

생성형 AI를 과제를 하는 데 사용하는 학생들이 늘고 있다. 생성형 AI를 통해 정보를 찾고 정리하는 시간을 단축할 수 있게 되면서 학생들의 학습 방식에도 변화가 일어나고 있다. 그러나 이로 인해 학생들의 사고력과 창의력이 떨어질 수 있다는 우려의 목소리가 커지고 있다. 특히 생성형 AI가 제공한 답변을 그대로 제출하거나, 자기도 모르게 다른 사람의 작업을 표절하는 경우도 발생하고 있다.

학생들이 생성형 AI에 지나치게 의존하면 스스로 학습하는 힘을 잃을 위험이 있다. 생성형 AI가 주는 답을 그대로 받아들이는 습관이 들면 문제 해결력도 나빠질 수 있다. 또한 생성형 AI가 제공하는 정보가 항상 정확한 것은 아니기 때문에, 이를 구분하지 못하면 잘못된 지식을 학습할 위험이 있다.

생성형 AI는 학생들의 학습을 돕는 유용한 도구지만, 과제를 할 때에는 사용 제한을 둘 필요가 있다. 학생들이 스스로 사고하고 문제를 해결하는 과정을 경험하는 것이 진정한 학습이기 때문이다.

생각 정리하기

1. 생성형 AI를 활용해 본 경험을 떠올려 보세요.

2. 생성형 AI를 활용해 공부하거나 과제를 하면 어떤 점에서 도움이 될까요?

3. 학생들이 생성형 AI를 활용해 과제를 하는 것에 대해 어떻게 생각하나요?

정답 어휘 알기 1. 생성형 AI 기사 이해 1. 방대한 자료를 빠르게 검색하고 요약하며, 복잡한 개념을 쉽게 이해하는 데 도움을 받을 수 있다. 2. 학생들의 사고력과 창의력이 떨어질 수 있다.

10 PC로 하는 숙제가 어려운 디지털 네이티브 세대

세 줄 요약

디지털 네이티브 세대는 스마트폰과 태블릿에 익숙하지만, PC 작업을 할 때 어려움을 겪고 있다. 따라서 다양한 기기와 소프트웨어를 자유롭게 활용할 수 있는 교육이 필요하다.

　　PC를 다루는 일에 어려움을 호소하는 디지털 네이티브(Digital Native) 세대가 늘고 있다. 디지털 네이티브 세대는 태어날 때부터 스마트폰과 태블릿을 써 왔기 때문에 손으로 터치해서 사용하는 기기에 익숙하다. 모바일 환경에 익숙하다 보니, 마우스나 키보드를 이용하는 PC 작업에는 서툰 것이다.

　　문제는 어린 시절에는 스마트폰이나 태블릿만으로도 충분했지만, 중학교에 들어가면 상황이 달라진다는 점이다. 중학교에서부터는 PC로 해야 하는 과제가 급격히 늘어나기 때문이다. 파워포인트나

엑셀, 그밖의 문서를 작성하는 작업은 대부분 키보드를 이용해야 한다. 많은 학생들이 낯선 입력 방식 때문에 당황한다.

디지털 네이티브 세대가 특히 어려워하는 것은 손으로 타자를 치는 일이다. 손가락으로 화면을 누르는 데는 익숙하지만, 두 손으로 키보드 자판을 치는 일은 서툴다. 타자 속도가 느리고 오타가 많아 과제를 하는 데 시간이 오래 걸린다. 그제야 타자 연습을 시작해 보지만, 좀처럼 늘지 않아 답답함을 느낀다. 컴퓨터 사용에 대한 불안이나 두려움을 느끼는 PC 포비아(PC Phobia)를 겪는 학생도 있다. 대학생 역시 마찬가지다. 대학교에서는 과제와 발표가 훨씬 많아진다. 발표 자료 제작, 레포트 작성, 온라인 플랫폼을 이용한 자료 제출 등 PC 작업이 필수다. 이들은 길고 복잡한 리포트를 작성할 때 특히 어려움을 겪는다고 한다.

이러한 문제를 해결하기 위해 일부 학교와 학원에서는 타자 연습과 문서 작성법을 포함한 디지털 활용 수업을 도입하기 시작했다. 학생들 스스로도 타자 연습을 하는 등, PC를 쓰는 데 익숙해지려는 노력을 이어 가고 있다. 하지만 스마트폰 세대가 PC에 완전히 적응하려면 시간이 필요하다.

디지털 네이티브 세대가 겪는 이러한 어려움은 PC가 다루기 어려운 기기여서 생기는 문제가 아니다. 기술 환경이 빠르게 변하면서, 한 가지 기기에만 익숙한 세대가 다른 도구를 다루며 겪는 어려움이다. 이제는 다양한 기기와 소프트웨어를 자유롭게 활용할 수 있는 디지털 활용력을 키우는 교육이 중요하다. 학교와 사회가 그 변화를 이해하고, 학생들이 어려움을 겪지 않도록 도와야 한다.

어휘 알기

1. 컴퓨터나 PC 사용에 대한 두려움이나 불안을 느끼는 것을 부르는 말은?

기사 이해

1. 디지털 네이티브 세대가 특히 어려워하는 것은 무엇인가요?
2. 디지털 네이티브 세대가 그러한 어려움을 겪는 이유는 무엇인가요?

오늘의 사설 1

타자 교육 의무화, 초등부터 시작해야 한다

디지털 네이티브 세대가 PC 작업을 하는 데 어려움을 겪고 있다. 스마트폰과 태블릿 사용에는 익숙하지만 키보드와 마우스를 써야 하는 PC 작업에는 서툰 학생들이 많아진 것이다. 이런 현실을 인식하고, 학교에서는 타자 교육을 필수적으로 가르칠 필요가 있다.

타자 교육은 학생들이 디지털 기기를 사용하며 겪는 불편을 줄이고 학습 효율을 높이는 데 도움을 준다. 정확하고 빠르게 타자를 칠 수 있는 능력은 글을 쓰고 자료를 정리할 때 필요한 기본기이기도 하다.

타자 교육을 체계적으로 시행하면 중·고등학교 과정에서 발생하는 학습 격차를 예방할 수 있다. 학생들도 디지털 환경에 보다 능동적으로 적응할 시간이 생긴다. 타자 치기가 디지털 세대가 갖추어야 할 기초 역량으로 자리 잡으면, 학생들이 전반적인 학습 능력을 끌어올리는 밑거름이 될 것이다.

디지털 네이티브 세대의 특성을 고려한 교육 환경 변화 필요

디지털 네이티브 세대가 PC 작업에 어려움을 겪는 현실을 고려해 교육 방식이 변화해야 한다. 요즘 학생들은 스마트폰과 태블릿에는 익숙하지만, 키보드 사용에는 서툴 수 있다. 이에 맞추어 과제의 형태를 다양화해야 한다.

PPT나 문서 작성 이외에도 다양한 디지털 도구와 플랫폼을 활용한 과제를 제시함으로써 학생들이 여러 기기에 자연스럽게 적응할 수 있도록 해야 한다. 또한 지나치게 복잡한 타자 작업 중심의 과제보다, 창의적이고 실용적인 학습 방식을 통해 학생들의 부담을 줄이는 접근이 필요하다. PC 기반의 과제에서 벗어나 더 다양한 형식의 과제로 전환하는 것도 좋은 방법이다. 이런 변화는 학생들이 디지털 기기를 자연스럽게 익히면서도 학업 스트레스를 줄이는 데 도움이 될 것이다.

생각 정리하기

1. 여러분은 손으로 터치하는 방식과 타자를 치는 것 중 어느 쪽을 더 많이 하나요?

2. PC로 해야 하는 숙제가 있을 때 어려움을 겪은 경험을 떠올려 보세요.

3. 학교 과제 양식이 바뀌어야 할까요, 아니면 학생들이 어릴 때부터 타자 연습 등을 통해 PC 사용법을 배워야 할까요?

정답 어휘 알기 1. PC 포비아 기사 이해 1. 타자를 치는 일 2. 손가락으로 화면을 누르는 데는 익숙하지만, 키보드 자판을 두 손으로 치는 일은 서툴기 때문이다.

국제

01 고졸 채용 전쟁 중인 일본

세 줄 요약

일본 기업들이 인구 감소로 인한 인력 부족을 해결하기 위해 고졸 채용을 늘리고 있다. 그러나 일부 기업은 낮은 임금을 주거나 비정규직으로 채용하기도 해, 안정적인 처우를 보장할 제도 마련이 필요하다.

　일본 기업들이 고등학교를 졸업한 학생을 직원으로 뽑기 위해 적극적으로 움직이고 있다. 이른바 '고졸 채용'을 늘리고 있는 것이다. 저출생 현상으로 인해 인력 부족이 심화되면서, 기업들이 대학 졸업자뿐 아니라 고졸 인재 확보에도 적극적으로 나서고 있는 것이다. 일부 기업은 고졸 직원에게도 높은 연봉과 복지를 제공하며 안정적으로 일할 수 있는 환경을 만들고 있다.

　직원이 일하면서 대학에 다닐 수 있도록 지원하는 제도를 마련하는 회사도 있다. 외식업체나 운수업체처럼 인력이 부족한 업종에서는 초보자에게도 경력자 못지않는 대우를 하거나, 근무 환경을 개선하겠다고 약속하며 고졸자 채용에 앞장서고 있다. 그동안 대졸자 채용만 고집하던 회사들이 고졸자를 채용하기 시작한 경우도 늘어나고 있다. 특히 최근 들어 대졸 직원들의 이직이 잦아지면서, 한 직장에서 오래 근무할 가능성이 높은 고졸 인재를 긍정적으로 보는 시선도 늘어났다.

실제로 고등학교를 졸업하고 바로 취업하는 사람도 많아졌다. 현재는 구직자보다 일자리가 더 많아 고졸자에게 취업 기회가 많아진 상황이다. 이런 흐름 속에서 구직자들은 더 나은 조건의 직장을 선택할 수 있는 여지가 커졌다.

전문가들은 앞으로도 고졸 채용이 계속 확대될 것으로 보고 있다. 인구 감소로 노동력이 줄어들면서 기업들이 인재를 확보하기 위해 경쟁할 수밖에 없기 때문이다. 또한 이 같은 변화가 고졸자뿐 아니라 여성, 중장년층, 비정규직 등 다양한 노동자의 고용 여건을 개선하는 계기가 될 것이라는 전망도 있다.

하지만 여전히 한계도 있다. 모든 기업이 고졸자를 우대하는 것은 아니다. 일부 기업은 여전히 대졸자보다 더 적은 임금을 주거나 비정규직 형태로 고졸자를 채용하기도 한다. 또한 입사할 때는 좋은 조건을 제시하는 것처럼 보여도, 장기적으로는 업무 범위가 제한되거나 대졸자에 비해 승진이 느릴 수 있다. 전문가들은 이러한 문제를 해결하기 위해, 입사 후에도 고졸자를 위한 직무 교육을 지속하거나 학업을 병행할 수 있는 제도가 필요하다고 강조한다.

1. 회사가 새로 일할 사람을 뽑는 것을 부르는 말은?
2. 계약 기간이 짧거나 시간제로 일하는 직업을 부르는 말은?

1. 일본에서 고졸 채용이 늘어나고 있는 이유는 무엇인가요?
2. 고졸 채용 증가로 함께 생길 것으로 기대되는 변화는 무엇인가요?

고졸 채용 확대는 일본 경제에 필요한 변화다

일본 기업들이 고등학교 졸업자를 적극적으로 채용하고, 연봉과 복지를 강화하게 된 것은 매우 긍정적인 변화다. 인구 감소와 노동력 부족이 피할 수 없는 현실이 된 만큼, 다양한 계층의 인재를 발굴해 기업을 성장시켜야 한다.

대졸자 중심으로 인재를 선발하던 구조에서 벗어나 고졸자에게도 기회를 확대하는 것은 사회의 다양성을 높이고 노동 시장을 활성화하는 길이다. 특히 기업이 고졸자를 채용하면서 학습 기회까지 제공하는 것은 단순히 직원을 고용하는 데 그치지 않고 계속 성장할 수 있도록 돕는 일이라는 점에서 의미가 있다.

또한 고졸자의 취업이 늘면 대학 진학 외에도 다양한 진로를 선택할 수 있는 분위기가 만들어질 것이다. 앞으로는 학력보다 능력과 경험을 중시하는 사회 분위기를 확산시켜, 누구나 자신에게 맞는 방식으로 성장할 수 있는 환경을 만들어 나가야 할 것이다.

고졸 채용 열풍은 불평등을 심화시킬 수 있다

고졸 채용 확대는 겉보기에 긍정적인 변화처럼 보이지만, 그 이면에는 여전히 해결해야 할 문제가 남아 있다. 모든 기업이 처우를 개선하는 것은 아니며, 일부 기업은 여전히 낮은 임금을 주거나 비정규직 형태로 고졸자를 채용하고 있기 때문이다.

이렇듯 기업마다 급여나 근무 조건의 차이가 큰 데다 고졸 직원에 대한 경력 관리 제도가 제대로 갖춰져 있지 않아 입사 후 격차는 점점 더 벌어질 수 있다. 고졸로 입사한 직원은 처음에는 대우가 괜찮더라도, 시간이 지나면 맡을 수 있는 일이 한정되고 승진 기회가 적어 어려움을 겪는 경우도 있다.

단기적인 인력난을 해소하기 위한 임시 대책으로만 고졸 채용을 확대한다면 청년 노동자의 미래를 안정적으로 보장하기 어려울 것이다. 진정으로 변화를 이끌기 위해서는, 기업 차원에서 고졸 직원이 지속적으로 성장할 수 있는 경력 개발 제도와 공정한 평가 시스템을 함께 마련해야 할 것이다.

생각 정리하기

1. 고졸 채용을 늘리려는 일본 기업의 변화에 대해 어떻게 생각하나요?

2. 고졸 채용이 늘어나면 청년들에게 어떤 장단점이 생길까요?

3. 노동력 부족 문제를 해결하기 위해 기업과 정부가 할 수 있는 일은 무엇이 있을까요?

정답 어휘 알기 1. 채용 2. 비정규직 기사 이해 1. 저출생 현상으로 인한 인력 부족이 심화되었기 때문이다. 2. 여성, 중장년층, 비정규직 등 다양한 노동자의 고용 여건을 개선하는 계기가 될 수 있다.

02 K-푸드 수출 점점 늘어, 한국 위상 높아지나

▌세 줄 요약

2024년 한국 농식품 수출은 99억 8,000만 달러로 역대 최대 실적을 기록했다. 한국 음식과 문화가 세계적인 인기를 끌며 관련 산업의 수출 성장을 이끌었다.

　2024년 한국 농식품 수출이 역대 최대 실적을 기록했다. 수출액은 99억 8,000만 달러로, 농식품 수출은 9년 연속 상승세를 이어갔다. 라면·과자류·음료·쌀 가공식품 등이 주요 품목으로, 특히 가공식품의 성장세가 두드러졌다. 라면은 K-팝과 한국 드라마의 인기로 해외 수요가 늘었고, 미국과 아세안 지역에서 고르게 성장했다. 비건 김치와 상온 유통 김치 같은 신제품이 인기를 끌며 김치 역시 역대 최대 수출액을 기록했다.

　이와 같은 성장은 한국 음식의 세계적인 인기 덕분이다. 한국 문화의 확산은 2000년대 초반 K-팝의 인기로 시작됐고, 이후 한국 드라마와 영화가 전 세계적인 관심을 받았다. BTS와 같은 아이돌 그룹은 전 세계적인 팬층을 형성하며 한국의 문화적 영향력을 크게 넓혔다. 한국 드라마는 넷플릭스를 통해 전 세계 시청자에게 소개됐다.

한국 문화가 확산되며 한국 경제에도 긍정적인 변화가 생겼다. 한국을 찾는 외국인 관광객이 크게 늘고, 한국 기업의 해외 진출도 활발해졌다. 이런 흐름은 한국의 산업과 시장을 넓히는 데 큰 도움이 되고 있다.

문화의 영향력을 바탕으로, 한국 농식품 수출도 성장하고 있다. 라면은 미국 텍사스 대형 유통매장에 신규 입점하며 수출이 70% 이상 증가했다. 한국의 음식이 한국을 대표하는 문화 콘텐츠로 자리 잡으며, 세계인의 입맛을 사로잡고 있는 것이다. 특히 젊은 세대를 중심으로 한국 음식을 즐기는 문화가 확산되며, 한국 음식은 세계인의 일상 속 친숙한 문화로 자리 잡고 있다.

이제 한국 음식은 한국 문화를 대표하는 산업으로 자리 잡았다. 한국 음식의 성장은 한국 경제에 긍정적인 영향을 미치며, 여러 산업 분야의 세계 경쟁력을 높이는 기반이 될 것이다. 이러한 추세가 이어진다면 앞으로 한국 식품 산업은 더욱 다양한 나라로 수출 범위를 넓힐 수 있을 것으로 예상된다. 한국의 음식과 문화가 전 세계에서 더 많은 사랑을 받으며 한국의 위상이 한층 높아지는 미래가 기대된다.

1. 국내의 상품이나 기술을 외국으로 팔아 내보내는 것을 부르는 말은?

1. 한국 문화의 확산으로 인해 어떤 긍정적 변화가 생겼나요?
2. 주로 수출되는 한국 농식품 품목은 무엇인가요?

한국 농식품 수출 확대, 글로벌 경쟁력 강화의 기회다

2024년 한국 농식품 수출이 역대 최대 실적을 기록하며, 9년 연속 상승세를 이어갔다. 라면·김치·과자류 등 주요 품목은 한국 문화의 확산과 함께 전 세계에서 큰 인기를 얻고 있다.

한국 농식품 산업은 세계 시장에서 강력한 경쟁력을 보여 주고 있다. 특히 한국 음식은 드라마 등의 영향으로 전 세계적으로 주목받고 있다. 외국인들이 드라마 속 음식 장면에 나오는 한국 제품을 찾는 사례가 느는 등, 드라마의 인기가 수출 확대에 긍정적으로 작용하는 것이다. 이 인기는 한국의 브랜드 가치를 높이고, 한국 경제가 성장하는 데도 기여하고 있다.

앞으로도 한국 농식품 수출은 지속적으로 확대될 것으로 보인다. 한국 음식의 인기를 바탕으로 한국 농식품이 세계 시장에서 더욱 큰 영향력을 발휘하기를 기대한다.

한국 농식품 수출의 성장, 지나친 의존은 위험하다

한국 농식품 수출이 역대 최대 실적을 기록했다. 라면·김치·과자류 등의 제품이 전 세계에서 큰 인기를 끌고 있다. 농식품 수출의 성장은 한국에 많은 기회를 열어 주고 있다.

하지만 해외 시장에 지나치게 의존하면 위험할 수 있다. 특정 국가나 지역에 대한 의존도가 높으면 세계 경제가 불안정해지거나 외교적인 문제가 생겼을 때 국내 경제에 큰 타격을 받을 가능성이 있기 때문이다.

따라서 한국 농식품 산업은 여러 나라에 고르게 진출하고 변화에 유연하게 대응할 수 있는 시스템을 구축해야 한다. 한국 음식의 인기가 계속되기 위해서는 위기에 흔들리지 않는 튼튼한 성장 기반을 마련하는 것이 중요하다.

생각 정리하기

1. 최근 들어 국제 사회에서 한국 음식의 인기가 높아지고 있는 이유는 무엇일까요?

2. 사설2에서 농식품 수출에 지나치게 의존하는 것이 위험하다고 한 것에 대해 어떻게 생각하나요?

3. 문화와 음식 외에 한국의 위상을 높일 수 있는 다른 분야가 있을까요?

03 인도의 힌두교 축제, 환경 오염 일으켜

세 줄 요약

인도에서 열리는 쿰브 멜라는 힌두교 신자들에게 중요한 종교 행사다. 그런데 축제가 열리는 과정에서 강물이 오염되는 것이 문제다. 전통을 지키면서도 환경을 보호할 수 있는 운영 방안이 필요하다.

　'쿰브 멜라'는 힌두교 신자들에게 가장 중요한 종교 행사 중 하나다. 인도에서 12년마다 열리는 쿰브 멜라는 세계에서 가장 큰 종교 행사로 손꼽힌다. 이 기간 동안 수백만 명의 신자들이 모여 강에서 목욕하며 죄를 씻고, 영적으로 정화한다. 이 행사는 오랜 세월 동안 유지되어 온 전통으로, 힌두교 신자들이 삶의 의미를 되새기는 시간이다.

　축제는 12년을 주기로 네 군데의 주요 성지에서 번갈아 열린다. 144년에 한 번은 큰 쿰브 멜라라는 뜻의 '마하 쿰브 멜라'가 열린다.

그중에서도 프라야그라지는 가장 많은 사람들이 몰리는 곳으로 유명하다.

이들 행사에서 강에서 몸을 씻는 행위는 단순한 목욕이 아니라 중요한 종교적 의미를 담고 있다. 이는 공동체가 하나로 모여 신성한 시간을 공유하는 순간으로 여겨진다. 신자들은 이곳에서 마음을 다스리고, 새로운 삶을 시작한다는 다짐을 하기도 한다. 이러한 경험은 신자들에게 정신적 위로와 깊은 평온을 준다고 알려져 있다.

쿰브 멜라가 사회적, 경제적으로 끼치는 영향은 상당하다. 대규모 인파가 몰려 교통, 숙박, 음식 산업이 활기를 띠며 지역 경제가 살아나기 때문이다. 하지만 축제의 긍정적인 면 뒤에는 해결해야 할 문제도 있다. 수백만 명이 강에 들어가며 강물이 심각하게 오염되기 때문이다. 강물에는 분변성 대장균과 각종 오염물질이 섞여 흐르며, 식수와 농업용수를 오염시킨다. 이로 인해 지역 주민들의 건강이 위협받고, 어업과 농업에도 피해가 이어진다. 이미 인도는 강물 오염과 수자원 부족 문제에 시달리고 있어, 축제가 열릴 때마다 부담이 더 커지고 있다.

인도 정부는 하수 처리 시설을 확충하고 물 관리 체계를 강화하고 있지만, 행사 규모가 워낙 커 완벽히 대응하기 쉽지 않다. 힌두교 신자에게 이 의식은 중요한 삶의 일부기 때문이다. 따라서 무작정 전통을 없애는 대신 환경을 지키며 축제를 지속할 방법을 찾는 것이 중요하다. 신앙과 환경이 공존할 수 있는 방안을 찾는다면, 쿰브 멜라는 앞으로도 의미 있는 종교 의식으로 이어질 수 있을 것이다.

1. 성스러운 강이 흐르는 네 군데의 성지를 찾아 목욕 의식을 치르고 죄를 씻어내는 힌두교 축제는?

1. 쿰브 멜라 축제로 인해 생기는 문제는 무엇인가요?
2. 쿰브 멜라 축제가 가져오는 경제적 이점은 무엇인가요?

쿰브 멜라, 환경 보호를 위한 규제가 필요하다

쿰브 멜라는 인도에서 열리는 대규모 종교 행사로, 수백만 명의 힌두교 신자들이 강에서 죄를 씻고 영적으로 정화하는 중요한 의식이다. 그러나 이 축제는 열릴 때마다 환경에 심각한 영향을 미친다.

이 문제를 해결하려면 쿰브 멜라에 대한 보다 체계적인 관리와 규제가 필요하다. 정부는 축제 중 오염물질 배출을 줄일 수 있는 시스템을 도입하고, 하수 처리 시설을 강화해야 한다. 또한 수많은 인파가 모이는 시기에 오염이 최소화될 수 있도록 축제에 참여하는 신자들에게 환경 보호에 대한 교육을 철저하게 실시해야 한다.

자연을 아끼는 마음과 함께한다면 쿰브 멜라는 더욱 의미 있는 종교 행사가 될 것이다. 환경을 보호하면서도 축제를 이어갈 수 있는 방법을 찾아야 한다.

쿰브 멜라, 종교적 자유와 전통을 존중해야 한다

쿰브 멜라는 힌두교 신자들에게 중요한 종교 행사로, 신자들은 강에서 목욕을 하며 죄를 씻고 영적으로 정화된다. 이 의식은 오랜 세월 이어져 온 전통으로, 힌두교 신자들에게는 신성한 의미가 있는 행위다.

쿰브 멜라는 오랫동안 사회·문화적으로 중요한 의미가 있는 행사로 자리 잡았다. 수많은 사람들이 모이지만, 지금까지 평화롭게 진행되어 온 유서 깊은 축제이다.

축제를 규제하는 것은 간편한 해결책일 수 있지만, 전통과 신앙의 가치를 훼손할 수 있다. 물론 환경 오염 문제를 외면할 수는 없겠지만, 종교의 자유를 존중하면서도 오염을 최소화할 방법을 찾아야 할 것이다.

1. 축제에 참여하는 신자들은 어떤 책임감을 가져야 할까요?

2. 축제를 유지하면서도 강물 오염을 줄일 수 있는 방법이 있다면 무엇일까요?

3. 강물 오염을 막기 위해 축제를 규제하는 것과 종교 행사를 존중하는 것 중 어느 쪽이 더 바람직할까요?

정답 어휘 알기 1. 쿰브 멜라 기사 이해 1. 강물이 심각하게 오염된다. 2. 여러 산업이 활기를 띠며 지역 경제가 살아난다.

04 일본의 끊임없는 독도 영유권 주장

세줄 요약

일본 외무상이 독도가 일본 영토라고 주장했다. 일본의 주장과 달리 독도는 역사적·국제법적으로 한국 고유의 영토임이 분명하다. 한국은 독도에 대한 주권을 지키기 위해 지속적으로 노력해야 한다.

2025년 1월, 일본의 외무상이 외교 연설에서 한국의 고유 영토인 독도가 일본의 땅이라고 주장했다. 일본의 외무상은 우리나라의 외교부에 해당하는 행정 부처의 우두머리로, 일본의 주요 인사가 이러한 발언을 한 것은 벌써 12년 째 이어진 일이다. 그는 독도가 일본의 땅이라고 주장하면서도 한국과 국제적으로 협력하기 위해 좋은 관계를 유지하려 한다는 말을 남겼다.

일본은 독도가 일본의 땅이라고 주장하기 위해 여러 가지 방법을 써 왔다. 2005년에는 2월 22일을 '다케시마의 날'로 제정하고, 매년

이를 기념하는 행사를 열고 있다. 다케시마는 일본이 독도를 부를 때 쓰는 말이다. 일본은 이 행사를 통해 일본 국민에게 독도가 일본의 땅이라는 잘못된 인식을 퍼뜨리고 있다.

또한 일본 교과서에 독도가 일본의 고유 영토라고 적어 일본 학생들에게 잘못된 역사적 사실을 가르치고 있다. 한국 정부는 잘못된 교과서 내용을 바로잡으라고 여러 차례 요구했지만, 일본은 고치지 않고 있다.

일본은 국제 사회에서도 독도의 영유권을 주장하며, 이 문제를 국제 법정에서 다루려고 시도했다. 또 일본에서 제작하는 지도에는 마치 독도가 일본의 영토인 것처럼 다케시마라고 표기하고 있다.

그러나 일본의 주장과 달리 독도는 한국의 고유한 영토다. 여러 역사적 기록이 이를 증명해 준다. 512년 신라 지증왕 때 지금의 울릉도와 독도 지역에 해당하는 우산국이 신라 땅으로 편입했다는 기록이 전해지며, 삼국사기에도 이 사실이 기록되어 있다. 또한, 조선 시대에는 조선이 독도를 우산도라고 부르며 관리했다는 기록이 있다. 일본이 독도 영유권을 주장하기 전부터 한국은 계속해서 독도를 관리하고 있었다. 1952년 1월 18일, 한국 정부는 독도를 포함한 인접 해역의 주권을 공식적으로 선언하며 독도가 한국의 영토임을 확실히 했다.

따라서 일본이 지속적으로 영유권을 주장한 사실과 달리, 독도는 역사적·국제법적으로 한국의 영토임이 분명하다. 한국은 독도가 지닌 역사적 가치와 주권을 지키기 위해 지속적으로 힘써야 한다.

1. 일정한 영토에 대한 해당 국가의 관할권을 부르는 말은?

1. 일본이 독도를 일본의 영토라고 주장하기 위해 한 일을 한 가지 말해 보세요.
2. 독도가 한국 영토인 근거를 한 가지 말해 보세요.

일본의 독도 영유권 주장, 강하게 대응해야 한다

일본은 '다케시마의 날'을 제정하고 교과서에서 왜곡된 교육을 실시하는 등 독도를 자신들의 영토로 만들기 위한 주장을 계속 펼치고 있다.

그러나 독도는 역사적·국제법적으로 명백히 한국의 고유 영토다. 일본이 독도의 영유권을 주장할 때마다, 한국은 법적·외교적 노력을 동원해 강하게 대응해야 한다. 학계와 시민사회에서도 독도의 역사적 근거를 지속적으로 알리는 노력이 필요하다. 이를 통해 국제 사회가 왜곡된 주장보다 사실을 신뢰하도록 만드는 것이 중요하다. 더불어, 국제 사회와 협력해 일본의 부당한 주장이 근거가 없음을 분명히 알려야 한다.

만약 일본과의 관계를 의식해 소극적으로 대응한다면 일본은 앞으로도 계속 독도 영유권을 주장할 가능성이 높다. 이 문제를 단호한 태도로 해결하지 않으면 장기적으로 양국 관계에도 부정적인 영향이 이어질 것이다.

일본의 독도 영유권 주장, 외교적 대처로 갈등을 최소화해야 한다

일본은 오랫동안 독도의 영유권을 주장해 왔다. 하지만 독도는 역사적·국제법적으로 명백히 우리나라의 영토이며, 일본의 주장은 국제 사회에서도 인정받지 못하고 있다.

한국은 독도 문제에 대해 명확한 입장을 밝혀야 하지만, 동시에 외교적 관계도 고려해야만 한다. 국가 간 갈등이 커지면 경제와 안보에 좋지 않다. 일본과는 경제적·문화적 협력 관계가 중요한 만큼, 독도 문제를 다룰 때 갈등을 줄이는 방향으로 대응하는 지혜가 필요한 것이다.

논리적이고 체계적인 근거를 바탕으로 국제 사회에 우리의 입장을 분명히 알린다면, 불필요한 긴장과 충돌 가능성을 줄이면서도 독도에 대한 우리의 주권을 굳건히 지킬 수 있을 것이다.

생각 정리하기

1. 일본이 독도에 대한 영유권을 주장하는 이유는 무엇일까요?

2. 학생의 입장에서 독도를 지키기 위해 할 수 있는 일은 무엇이 있을까요?

3. 독도 영유권을 주장하는 일본에 대해 한국에서 어떻게 대응하는 것이 바람직할지 사설1, 2의 내용을 바탕으로 생각해 보세요.

정답 어휘 알기 1. 영유권 기사 이해 1. '다케시마의 날'을 제정했다. 2. 512년 신라 지증왕 때 지금의 울릉도와 독도 지역에 해당하는 우산국이 신라 땅으로 편입했다는 기록이 전해진다.

05 전 세계 핵무기 확산, 어디까지 가고 있나

▶ 세 줄 요약 ◀

1970년에는 핵무기 확산을 막기 위한 노력으로 핵확산금지조약(NPT)이 발효되었다. 그러나 일부 국가는 이 조약을 지키지 않거나 탈퇴해 핵무기 개발을 계속하고 있다.

　　2025년 전 세계 전문가들을 대상으로 한 설문조사에서 대한민국이 10년 안에 핵무장을 할 거라고 예상한 답변이 1년 사이 많이 늘어난 것으로 나타났다. 조사에 참여한 전문가의 40.2%가 한국이 10년 내 핵무기를 보유할 것이라고 응답했다. 이는 전년도 조사(25.4%)보다 15% 증가한 수치다. 일본이 핵무장을 할 것이라고 예상한 답변도 28.6%로, 전년보다 크게 상승했다. 핵무장을 할 가능성이 가장 높다고 꼽힌 국가는 이란이었다.

　　전 세계적으로 핵무기 확산을 막기 위한 여러 노력이 이루어지고 있다. 1970년에는 핵확산금지조약(NPT)이 발효되었다. 이 조약의 목표는 핵무기의 확산을 막고, 궁극적으로 핵무기를 폐기하는 것이다. 핵을 보유한 국가가 다른 국가에 핵무기를 넘기는 행위도 금지한다. 또한 핵무기를 보유하지 않은 국가는 앞으로도 핵무기를 개발하거나 보유하지 않기로 약속하고, 핵보유국은 핵무기를 줄이고 핵기술을 평화적으로 이용하기로 했다. 이 조약에 가입한 핵보유국은 미국, 러시아, 중국, 프랑스, 영국이다.

그러나 이러한 조약이 있음에도 불구하고, 일부 국가들은 이를 지키지 않거나 탈퇴해 핵무기 개발을 계속하고 있다. 대표적으로 북한은 2006년 첫 핵실험을 성공시킨 뒤 여러 차례의 추가 실험을 하며 핵무기를 개발해 왔다. 북한은 2003년 핵확산금지조약에서 탈퇴한 뒤 본격적으로 핵무기를 개발했다. 2017년에는 수소폭탄 시험을 포함한 대규모 핵실험을 실시했다. 이로 인해 국제 사회는 큰 긴장 속에서 북한의 움직임을 주시하고 있다. 이밖에도 이스라엘 역시 핵무기를 보유하고 있는 것으로 알려졌지만, 공식적으로 인정하지 않고 있다.

핵무기 보유국의 수가 증가할수록 핵 확산을 막고 핵무기 없는 세계를 만드는 일은 더욱 어려워진다. 특히 지역 분쟁이나 국제적 갈등이 심화될수록 새로운 국가가 핵무장에 나설 가능성도 높아진다. 따라서 국제 사회는 이 문제를 중요한 과제로 여기고, 외교, 안보, 경제적 노력을 지속적으로 해 나가야 한다.

1. 핵무기가 무분별하게 제조, 사용되는 것을 막기 위해 1970년 발효된 조약은?

1. 북한의 핵무기 보유 현황에 대해 간단히 말해요.
2. 핵확산금지조약 가입국 중 핵보유국 이름을 말해요.

핵무기 확산, 국제 사회가 함께 막아야 한다

최근 설문조사에 따르면, 전문가들이 한국의 10년 내 핵무기 보유 가능성을 크게 보고 있는 것으로 나타났다. 핵무기 확산을 막기 위한 국제적 노력은 핵확산금지조약(NPT)을 체결한 것으로 시작되었지만, 핵무기 보유국이 늘어나면서 그 효과에 의문이 제기되고 있다.

NPT의 목표는 핵무기 확산을 막고, 궁극적으로는 핵무기를 폐기하는 것이다. 핵무기가 많아질수록 대규모 인명 피해가 발생할 위험도 함께 커진다. 또한 핵무기 경쟁이 심화되면 군사적 긴장이 지속되어 국제 안보와 경제 상황에도 큰 부담이 된다.

그럼에도 불구하고 일부 국가들이 NPT를 탈퇴하거나 지키지 않으면서 핵무기 개발을 계속하고 있다. 북한이 그 대표적인 사례다. 이러한 상황은 국제 사회의 협력이 그 어느 때보다 절실하다는 것을 보여 준다. 국제 사회는 핵무기 확산을 막기 위해 강력하고 실질적인 조치를 취해야 한다.

국가를 지키기 위해 핵무장이 필요할 수 있다

전문가를 대상으로 한 설문조사 결과, 한국이 10년 내 핵무기를 보유할 가능성이 크게 높아진 것으로 나타났다. 이는 국제 사회에서 한국의 안보에 대한 우려가 커지고 있음을 보여 주는 결과다. 이러한 결과가 나온 데는 북한의 핵무기 개발이 큰 영향을 미친 것으로 보인다.

현재 북한은 여러 차례 핵실험을 이어가며 국제 사회의 제재를 받고 있지만, 활동을 멈추지 않고 있다. 이런 상황에서 남한도 다른 국가에 의존하지 않고 스스로 국방력을 강화해야 한다는 목소리가 커지고 있다. 핵무장을 신중하게 검토해야 할 때라는 의견이 나오는 것이다.

국가의 안전을 지키는 길은 자주적인 국방 체계를 마련하는 데 있다. 국제 사회와 협력하면서도, 우리 스스로 국가를 지키기 위한 노력을 강화해야 할 때다.

■ 생각 정리하기 ▸

1. 전문가들은 왜 대한민국이 10년 내 핵무장을 하는 국가가 될 것이라고 예상했을까요?

2. 핵확산금지조약을 탈퇴하고 핵무기를 개발하고 있는 북한에 대해 어떻게 생각하나요?

3. 남한도 북한처럼 핵무장을 해야 할까요?

> **정답** 어휘 알기 1. 핵확산금지조약 기사 이해 1. 핵실험 성공 후 핵무기 개발을 지속적으로 하고 있다. 2. 미국, 러시아, 중국, 프랑스, 영국

06 식량 위기 해결을 위한 국제 협력이 필요해

세 줄 요약

식량 위기는 기후 변화, 자연재해, 전쟁, 경제적 불안정 등 여러 요인이 복합적으로 작용해 발생한다. 이를 해결하기 위해 각국 정부와 국제 기구의 협력, 기후 변화에 대응할 수 있는 농업 정책이 필요하다.

　전 세계가 극심한 식량 위기에 직면했다. 최근 식량 가격이 급등하면서 여러 나라에서 식량 부족 현상이 나타나고 있다. 기후 변화, 자연재해, 전쟁, 경제적 불안정 등 여러 요인이 복합적으로 작용한 결과다. 특히 개발도상국에서는 굶주림과 영양실조로 고통받는 사람들이 많다. 식량 위기는 단순한 경제 문제가 아니라 사회적 불안과 정치적 혼란을 일으키는 심각한 문제로 이어진다. 일부 지역에서는 식량 부족이 치안 악화와 이주 증가로 이어지는 사례도 나타나고 있다.

　식량 문제에 가장 큰 영향을 미치는 것은 기후 변화다. 가뭄, 홍수, 폭염 등 이상 기후로 인해 작물 생산량이 줄어들고 있다. 이로 인해 농업이 주요 생계 수단인 아프리카와 아시아 일부 지역 주민들은 큰 어려움을 겪고 있다. 또한 몇 년간 이어진 코로나19 팬데믹과 러시아-우크라이나 전쟁도 식량 공급망에 심각한 타격을 주었다. 우크라이나는 세계 주요 밀 생산국 중 하나이지만, 전쟁으로 인해 생산과 수출이 중단되면서 전 세계적으로 밀 부족 현상이 발생했다. 이로 인해 곡물 가격이 크게 오르고 가난한 나라들은 식량을 구하기가 더욱 어려워졌다.

　자원이 불균등하게 분배되는 문제도 식량 위기의 원인이다. 부유한 나라는 식량을 확보할 수 있는 토지, 물, 기술, 장비 등을 충분히 갖추고 있다. 하지만 저소득 국가는 그렇지 않다. 이러한 차이로 인해 식량 부족이 식량 불평등으로 이어지고 있다. 식량이 충분히 생산되더라도 국가·지역 간 격차가 크면 많은 사람들이 굶주림에서 벗어나기 어렵다.

　국제적인 식량 위기를 해결하려면 여러 나라가 함께 협력해야 한다. 각국 정부는 자국 내 식량 생산을 늘리고, 기후 변화에 대응할 수 있는 농업 정책을 마련해야 한다. 또한 국제 사회는 식량이 부족한 나라를 지원할 수 있는 체계를 강화해야 한다. 유엔과 같은 국제 기구도 식량 위기를 해결하기 위해 적극적으로 나서야 한다. 서로 협력해 식량 위기를 해결하려고 노력할 때, 더 건강하고 안정된 국제 사회를 만들 수 있을 것이다.

1. 산업의 근대화와 경제 개발이 선진국에 비하여 덜 된 나라를 부르는 말은?
2. 자신의 나라를 부르는 말은?

1. 식량 위기의 원인은 무엇인가요?
2. 자원과 식량 위기는 어떤 관련이 있나요?

식량 위기, 공평한 분배로 해결해야 한다

식량 부족 문제는 오늘날에도 계속되고 있다. 이 문제의 근본적인 원인은 식량의 불평등한 분배와 관련이 있다. 고소득 국가는 충분한 자원과 기술을 통해 식량을 확보하기 유리하지만, 저소득 국가는 기후 변화와 경제적 불안정 등으로 식량을 얻는 데 어려움을 겪고 있기 때문이다.

식량 위기는 일부 나라에 한정된 문제가 아니다. 전 세계적으로 식량은 충분히 생산되고 있지만, 고르게 분배되지 않아 많은 지역에서 굶주림과 영양실조가 이어지고 있다. 따라서 국제적으로 식량을 공평하게 나눌 수 있는 체계를 마련하는 것이 가장 중요한 해결책이다.

유엔과 같은 국제 기구는 식량 불평등 문제를 해결하기 위한 역할을 적극적으로 수행해야 한다. 또한 각국은 서로 협력해 자원의 불균형을 줄이고, 모두가 식량을 안정적으로 확보할 수 있는 환경을 만들어야 한다.

식량 위기의 근본 원인, 생산 증대와 기술 혁신이 필요하다

식량 위기의 핵심 원인은 식량을 충분히 생산하지 못하는 것과 관련이 있다. 기후 변화 등의 이유로 일부 지역에서 농업 생산량이 크게 줄어들고 있기 때문이다.

식량 생산을 늘리는 것은 식량 위기를 해결하기 위한 중요한 첫걸음이다. 이를 위해 각국 정부는 기후 변화에 대응할 수 있는 농업 정책을 마련하고, 지속 가능한 농업 방식을 도입해야 한다.

또한 농업 기술의 혁신을 통해 생산성을 높이는 노력도 필요하다. 특히 고소득 국가는 농업 기술을 개발하고, 이를 개발도상국에 지원할 수 있는 체계를 갖추어야 한다.

국제 사회가 협력해 농업의 효율성을 높이고, 기후 변화에 대응할 수 있는 방안을 마련하는 것이 식량 위기 해결 방안의 핵심이다.

생각 정리하기

1. 자원이 부족해 식량 생산력이 떨어지는 나라를 국제적으로 지원해야 할까요?

2. 식량 위기 문제에 대해서 자원 분배의 불균형은 얼마나 큰 영향을 미치고 있을까요?

3. 한 나라 안에서 식량을 충분히 생산하기 어렵다면 어떻게 해야 할까요?

정답 어휘 알기 1. 개발도상국 2. 자국 기사 이해 1. 기후 변화, 자연재해, 전쟁, 경제적 불안정 등 2. 물, 토지 등 자원의 부족이 식량 생산을 저해한다.

07 8년 연속 행복한 나라 세계 1위는 핀란드

세 줄 요약

2025년 세계행복보고서에서 핀란드는 8년 연속 세계에서 가장 행복한 나라 1위를 차지했다. 한국은 58위로 2024년보다 여섯 계단 하락했으며, 경제적 수준에 비해 낮은 행복도를 보였다.

매년 3월 20일은 '국제 행복의 날'이다. 매년 이 시기에 유엔 산하 자문기구인 지속가능발전해법네트워크(SDSN)는 세계행복보고서를 발표한다. 이는 전 세계 사람들의 행복도를 측정해 순위를 매긴 보고서다. 2025년에는 핀란드가 8년 연속 세계에서 가장 행복한 나라 1위를 차지했다는 놀라운 결과가 발표되었다.

핀란드는 10점 만점에 7.736점을 받으며 1위에 올랐다. 2위는 덴마크(7.521점), 3위는 아이슬란드(7.515점)가 뒤를 이었다. 핀란드는 어떻게 8년 동안이나 가장 행복한 나라가 될 수 있었을까?

세계행복보고서는 1인당 국내총생산(GDP), 사회적 지원, 기대수명, 선택의 자유, 관용, 부정부패에 대한 인식 등 여섯 가지 항목을 평가해 각국의 행복지수를 산출한다. 핀란드는 이 모든 항목에서 높은 점수를 받았다.

핀란드 국민들은 사회에 대한 신뢰도가 높고, 사회 제도가 안정적이라고 느낀다. 또한 풍부한 자연환경 속에서 일과 삶의 균형을 유지하며, 높은 수준의 교육과 의료 서비스를 누리고 있다. 국민들은 자신이 원하는 삶의 형태를 선택할 자유를 누리고 있다고 생각하고, 어려운 일이 있을 때 기댈 수 있는 사람이 있다고 믿는다. 이러한 요소들이 복합적으로 작용해 핀란드를 세계에서 가장 행복한 나라로 만들었다.

한편 한국은 2025년 세계행복보고서에서 58위를 기록했다. 이는 2024년보다 여섯 계단 하락한 순위다. 한국의 행복지수는 경제적 수준에 비해 낮은 편이다. 이와 같은 결과가 나온 데는 경쟁적인 사회 분위기와 높은 스트레스, 사회적 불평등 등 다양한 요인이 영향을 미친 것으로 분석된다.

핀란드의 사례는 우리에게 많은 것을 생각하게 한다. 물질적인 풍요뿐 아니라 사회적 신뢰, 안정적인 제도, 자연과의 조화, 개인의 자유와 존중이 행복의 중요한 요소임을 보여 준다. 우리 사회도 이러한 가치들을 중요하게 생각하고 실천한다면 더욱 행복한 사회를 만들 수 있을 것이다.

어휘 알기

1. 넓은 마음으로 남의 잘못이나 부족한 점을 너그럽게 용서하거나 이해하는 것은?
2. 공무원이나 정치인 등이 자신의 권력을 이용하여 불법적인 이익을 취하는 행위는?

기사 이해

1. 핀란드 국민들의 행복도가 높은 이유는 무엇인가요?
2. 한국의 행복지수가 낮은 이유는 무엇인가요?

오늘의 사설 1

국민이 행복해지기 위해서는
사회적 신뢰와 안정적 시스템이 중요하다

2025년 세계행복보고서에서 핀란드는 8년 연속 세계에서 가장 행복한 나라로 선정되었다. 핀란드 국민들은 서로에 대한 신뢰와 상호작용을 중요하게 생각하며, 이러한 문화가 사회적 안정과 개인의 행복으로 이어지고 있다.

한국도 핀란드처럼 안정적인 사회 시스템을 구축한다면 행복지수를 높일 수 있을 것이다. 한국 사회의 과도한 경쟁과 높은 스트레스는 사람들의 정신적·신체적 건강을 해칠 수 있다. 서로를 신뢰하고 도울 수 있는 사회 시스템을 마련한다면 모두가 더 행복한 사회로 나아갈 수 있을 것이다.

더불어 교육과 의료 등 기본적인 복지 제도를 강화하고, 개인의 자유와 선택권을 존중하는 사회 분위기를 만드는 것도 중요하다.

행복의 기준은 국가별로 다르다

핀란드가 세계에서 가장 행복한 나라로 선정되었다. 이는 사회적 신뢰와 안정적인 제도 덕분일 것이다. 하지만 한국이 핀란드의 시스템을 따라 한다고 해서 행복도가 바로 높아지기는 어렵다.

이는 나라별로 문화와 가치관이 다르기 때문이다. 한국은 한국의 문화와 특성에 맞는 방법을 찾아야 한다. 현재 한국은 사회적 불평등과 과도한 경쟁으로 일과 삶의 균형을 유지하기 쉽지 않다. 또한 한국은 인구가 많고 다양한 사회적 배경을 가진 사람들이 함께 살아가는 나라다. 한국이 행복한 나라가 되기 위해서는 이러한 특성에 맞게 사회 제도를 마련해야 한다.

경쟁이 치열한 한국 사회에 맞는 해결책을 찾고 다양한 사람들의 목소리를 반영하기 위해 모두가 함께 노력한다면, 한국의 행복 수준도 점차 높아질 수 있을 것이다.

■ 생각 정리하기

1. 여러분은 살면서 무엇 때문에 가장 힘들었나요?

2. 한국에서 태어났기 때문에 누릴 수 있는 좋은 점은 무엇인가요?

3. 우리나라 사람들의 행복도가 높아지기 위해 개개인이 할 수 있는 노력은 무엇이 있을까요?

08 프랑스 공공부채, 사상 최고치 기록

세 줄 요약

프랑스의 공공부채가 국내총생산(GDP)의 115%를 넘으며 사상 최고 수준을 기록했다. 오랜 적자와 빠르게 늘어나는 이자 부담으로 신용등급이 하락했고, 악순환에 빠질 위험이 크다.

프랑스의 공공부채가 사상 최고 수준으로 치솟으며 국제 사회의 우려가 커지고 있다. 세금만으로 나라를 운영할 돈이 부족할 때 정부는 국채를 발행하거나 은행, 다른 나라에서 돈을 빌린다. 이렇게 정부와 공공기관이 갚아야 할 돈을 모두 합쳐 공공부채라고 부른다. 2025년 6월 말 기준 프랑스의 공공부채는 약 3조 4천억 유로로 집계되었다. 이는 국내총생산(GDP)의 115%를 넘는 수준이다. 불과 몇 달 사이에 수십억 유로가 늘어나며 증가세가 좀처럼 꺾이지 않고 있다.

전문가들은 프랑스의 공공부채가 이처럼 늘어난 가장 큰 이유로 오랜 기간 계속된 재정 적자와 빠르게 불어나는 이자 부담을 꼽는다. 특히 앞으로 몇 년 안에 부채로 인한 이자만 연간 1천억 유로를 넘어설 것이라는 전망이 나오면서 프랑스 국가 예산에 큰 부담이 될 것으로 예측된다.

이런 상황 속에서 국제 신용평가사들은 프랑스의 신용등급을 하향 조정했다. 부채가 너무 많고 적자가 지속되고 있으며 정치적으로 불안정한 상황이라는 점, 그리고 개혁을 추진할 가능성이 낮다는 점이 그 근거로 제시되었다. 신용등급이 낮아지면 프랑스는 국채를 발행할 때 더 높은 이자를 부담해야 하므로, 부채가 다시 늘어나는 악순환에 시달릴 수 있다.

2025년 새롭게 출범한 프랑스 정부는 재정 적자를 줄이겠다는 목표를 제시했다. 2026년에는 적자를 GDP 대비 4.7% 수준으로 낮추겠다고 발표했지만, 부유층에게 세금을 더 부과하는 등의 과감한 조치는 내놓지 않았다. 이 때문에 구체적인 대안이 부족하다는 지적이 이어지고 있다. 앞으로 프랑스의 재정이 실제로 개선될지는 불확실해 보인다.

프랑스 재정의 미래는 결국 정부의 개혁 의지와 경기 회복에 달려 있다. 나라 경제가 회복되지 않고 복지 지출이 계속 늘어난다면 부채는 더 많아질 것이다. 전문가들은 부채 그 자체보다 그로 인한 이자 부담이 더 큰 문제라며, 프랑스가 어떻게 구조 개혁을 추진해 경제를 안정시킬지가 관건이라고 말한다.

1. 나라가 돈이 부족할 때 발행하는 빚 문서는?

2. 들어온 돈이 쓴 돈보다 많은 것은?

1. 프랑스의 부채가 많이 늘어나게 된 주요 원인은 무엇인가요?

2. 프랑스 재정의 미래는 무엇에 달려 있나요?

프랑스는 공공 부채 증가를 막기 위해
복지 지출을 줄여야 한다

프랑스의 공공부채는 이미 국내총생산(GDP)의 115%를 넘어섰다. 이는 공공부채가 국가 재정이 감당하기 어려운 수준에 이르렀다는 경고 신호다.

복지 제도는 반드시 필요하지만, 부채가 이렇게 많은 상황에서는 모든 요구를 충족하면서까지 유지하기는 어렵다. 복지 제도를 정비하지 않으면 다른 중요한 분야까지 영향을 받을 수 있다. 장기적인 미래를 위해서라도 반드시 우선순위를 재조정하는 과정이 필요하다. 지출 구조를 다시 점검해 꼭 필요한 분야부터 지원하는 방식으로 효율성을 높여야 한다.

복지 지출 조정은 재정 안전성을 확보하기 위한 불가피한 선택이다. 그러나 이 조정은 일시적인 조치로 이루어져야 한다. 나라의 재정 상황이 다시 나아진다면 그때 복지를 회복하는 것이 바람직하다.

프랑스는 공공 부채 때문에 복지 지출을 줄여서는 안 된다

프랑스의 공공부채가 역사상 가장 높은 수준으로 치솟은 것은 사실이다. 그러나 이 문제를 해결하기 위해 복지 지출을 줄이는 것이 능사는 아니다.

복지는 국민의 기본적인 삶을 지탱하는 최소한의 안전망이다. 이를 줄이게 되면 가장 큰 피해를 입는 사람은 서민과 취약계층이다. 따라서 섣불리 복지 지출을 줄였다가 사회적 불평등과 갈등이 더 깊어질 수 있다.

국가의 재정을 튼튼히 하려면 세금을 더 걷거나, 다른 지출을 효율적으로 관리하는 방법을 고민해야 한다. 복지 제도가 탄탄해야 사회의 기반이 흔들리지 않고, 위기 상황에서도 국민이 안심할 수 있다.

■ **생각 정리하기**

1. 나라의 빚이 많아진 상황에서 가장 중요한 것은 무엇일까요?

2. 나라의 빚이 늘어나면 가장 힘들어지는 사람은 누구일까요?

3. 국가 재정을 위해 부자에게 세금을 더 걷는 것과 복지 지출을 줄이는 것 중 무엇이 더 나은 선택일까요?

정답 어휘 알기 1. 국채 2. 적자 기사 이해 1. 오랜 기간 계속된 재정 적자, 빠르게 늘어나는 이자 부담 2. 정부의 개혁 의지, 경기 회복

09 사라지지 않는 아동 노동 문제

세 줄 요약

국제사회는 아동 노동을 막기 위해 협약을 만들고 지원과 캠페인을 진행하고 있다. 하지만 많은 아이들이 여전히 위험하고 힘든 노동에 시달리고 있어 전 세계인의 지속적인 관심이 필요하다.

한창 뛰어놀아야 할 아이들이 위험하고 힘든 노동에 내몰리는 현실이 여전히 심각한 상황이다. 국제노동기구(ILO)와 유니세프(UNICEF)의 공동 보고서에 따르면, 전 세계 아동 노동자 수는 약 1억 6천만 명에 달한다. 특히 아시아, 아프리카, 라틴아메리카 등의 개발도상국에서는 아이들이 벽돌 공장, 광산, 농장, 도시 빈민가 등에서 위험한 노동에 시달리고 있다.

아시아는 전 세계에서 아동 노동을 하는 아이들이 가장 많은 지역이다. 인도, 방글라데시, 파키스탄 등 남아시아 국가에서는 수백만 명의 아이들이 강제 노동에 내몰려 있다. 인도의 아이들은 카펫 공장, 벽돌 공장, 광산 등에서 유해 물질에 노출된 채 일한다. 방글라데시의 아이들은 열악한 의류 공장에서 장시간 일하면서도 터무니없이 낮은 임금을 받는다. 심지어 일하다가 폭력을 당하는 경우도 많다. 파키스탄의 아이들 역시 벽돌 공장과 농장에서 힘든 노동을 하고 있다.

아프리카에서도 아동 노동 문제는 매우 심각하다. 코트디부아르와 가나의 코코아 농장에서는 아이들이 하루 12시간 이상 일한다. 심지어 학교에 갈 기회조차 얻지 못한다. 콩고민주공화국의 코발트 광산에서는 아이들이 유해 물질에 노출되고, 붕괴 사고 등으로 목숨을 잃을 위험에도 놓여 있다.

아동 노동은 전 세계가 함께 해결해야 할 문제다. 국제사회는 이를 막기 위해 여러 노력을 기울이고 있다. 국제노동기구(ILO)는 아동 노동 근절을 위한 국제 협약을 제정했고, 유니세프(UNICEF) 등 국제기구는 피해 아동을 지원하고 아동 노동 문제의 심각성을 알리는 캠페인을 진행하고 있다.

매년 6월 12일은 국제노동기구가 지정한 '세계 아동 노동 반대의 날'이다. 이 날은 아동 노동 문제의 심각성을 알리고 해결을 촉구하기 위해 제정되었다. 그러나 여전히 많은 아이들이 위험하고 힘든 노동에 시달리고 있다. 이 문제를 해결하기 위해서는 전 세계인의 관심과 연대가 절실하다.

1. 여러 나라들이 함께 동의하고 체결한 공식적인 약속이나 합의를 부르는
   말은?

1. 아동 노동이 남아 있는 나라는 어디인가요?
2. 아동 노동 문제를 해결하기 위해 유니세프에서는 어떤 일을 했나요?

아동 노동, 우리 모두가 책임감을 가져야 할 우선 과제이다

아이들은 뛰어놀고 배우며 미래를 준비해야 한다. 그러나 오늘날에도 세계 곳곳에는 여전히 위험하고 힘든 노동에 시달리는 아이들이 많다.

국제노동기구(ILO)와 유니세프(UNICEF)의 보고서에 따르면, 전 세계 아동 노동자 수는 약 1억 6천만 명에 달한다. 특히 개발도상국의 어린이들은 벽돌 공장, 광산, 농장 등에서 강제로 노동을 하고 있다. 아시아, 아프리카, 라틴아메리카의 많은 지역에 어른에게도 위험한 환경에서 매일같이 고된 일을 하는 어린이들이 많다.

이러한 상황은 한 나라의 문제가 아니라 전 세계가 함께 해결해야 할 과제다. 각국 정부는 아동 노동을 금지하는 법과 제도를 강화하고, 국제기구는 아동 노동을 줄이기 위한 캠페인과 지원을 꾸준히 이어가야 한다.

아동 노동, 경제적 현실을 개선해야 줄일 수 있다

아동 노동은 여전히 전 세계 많은 나라에 존재한다. 아시아, 아프리카, 라틴아메리카의 개발도상국에서는 가난과 취약한 경제 구조 때문에 어린이들이 일할 수밖에 없는 경우가 많기 때문이다.

이들 지역의 아이들은 노동 현장에서 일하며 가족의 생계를 돕고 있지만, 그럼에도 불구하고 극심한 빈곤에서 벗어나기 어렵다. 또한 일부 지역에서는 아동 노동이 지역 경제의 중요한 부분을 차지하고 있어, 즉시 중단하기 어려운 현실적인 한계도 있다.

법적 강제성이나 도덕적 압박만으로는 아동 노동을 근본적으로 없애기 어렵다. 지역의 경제 발전과 교육 기회 확대, 부모들의 생계 지원이 먼저 이루어져야 현실적으로 아동 노동 문제를 해결할 수 있다.

생각 정리하기

1. 여러분이 들어본 아동 노동 사례는 무엇이 있나요?

2. 국제적 개입이 있음에도 불구하고 아동 노동이 사라지지 않는 이유는 무엇일까요?

3. 아이들이 노동하는 대신, 교육을 받고 공부를 해야 하는 이유는 무엇일까요?

10 전쟁, 폭력, 기후 변화로 인한 난민 속출

세 줄 요약

전쟁, 폭력, 기후 변화 등으로 전 세계 난민이 8천만 명을 넘어섰다. 국제사회는 난민의 권리를 보호함과 동시에, 전쟁과 기후 변화 같은 근본적인 문제 해결에 나서야 한다.

국제적인 난민 문제가 점점 더 심각해지고 있다. 전쟁, 폭력, 기후 변화 등 다양한 요인 때문이다. 유엔난민기구(UNHCR)에 따르면 최근 몇 년 사이 난민의 수가 급증했다. 현재 전 세계에 약 8천만 명 이상의 난민이 있는 것으로 보고되고 있다. 난민이란 전쟁과 폭력, 자연재해로부터 도망치기 위해 고향을 떠나 다른 나라로 이동하는 사람들을 말한다.

특히 시리아, 아프가니스탄, 남수단과 같은 분쟁 지역에서 수많은 사람들이 집을 잃고 피난길에 오르고 있다. 시리아 내전은 2011년에 시작되어 수백만 명의 시리아인이 이웃 나라 터키, 요르단, 레바논 등으로 떠나게 만들었으며, 이들은 이제 세계에서 가장 큰 난민 집단 중 하나를 이루고 있다. 또한 아프가니스탄과 남수단 역시 무력 충돌과 폭력으로 고통받고 있어, 이 지역의 난민 수도 계속 증가하고 있다.

최근에는 기후 변화도 난민 문제에 큰 영향을 미치고 있다. 해수면 상승, 극단적인 기후 변화, 자연재해 등으로 인해 많은 사람들이 삶의 터전을 잃고 강제로 이주하고 있다. 예를 들어 방글라데시와 몰디브 같은 지역에서는 해수면 상승으로 인해 주민들의 거주지가 물에 잠기고 있다.

이를 해결하기 위해 국제사회는 다양한 노력을 기울이고 있다. 유엔난민기구(UNHCR)는 난민 문제 해결을 위한 중심 기관으로서 정책을 마련하고 있으며, 유럽연합(EU), 미국, 캐나다 등 여러 나라들도 난민을 받아들이고 지원하는 정책을 강화하고 있다.

그러나 여전히 많은 난민이 인간다운 대우를 보장받지 못하고 있다. 일부 국가는 경제적 부담이나 사회적 불안을 이유로 난민 수용을 거부한다. 물론 난민 문제를 단순히 인도적인 시각으로만 보거나, 수용을 강요하는 방식으로 해결할 수도 없다. 경제적 비용과 사회 통합의 어려움도 함께 고려해야 하기 때문이다.

국제사회는 난민의 권리를 보호하고 새로운 환경에서 적응할 수 있도록 돕는 한편, 근본적인 원인인 전쟁, 폭력, 기후 변화 등을 해결하기 위한 노력을 함께 이어가야 한다.

1. 전쟁이나 재난 등을 이유로 이전에 살던 나라로 돌아갈 수 없거나 돌아가기를 원하지 않는 사람을 부르는 말은?

1. 난민 문제가 심각해지고 있는 까닭은 무엇인가요?
2. 구체적으로 어떤 기후 변화 때문에 난민이 생기고 있나요?

난민 문제 해결을 위한 국제적 협조가 필수적이다

전 세계적으로 난민의 수가 급격히 늘어나고 있다. 전쟁, 폭력, 기후 변화 등 여러 요인 때문이다.

난민 문제는 한 나라나 일부 지역에 국한된 문제가 아니다. 국제적인 협력이 필요한 사안이다. 난민이 새로운 환경에 적응할 수 있도록 돕는 일은 단순한 인도적 지원이 아니다. 이는 도덕적 아량을 베푸는 행동이 아니라, 국제사회가 지구의 모든 사람들이 인간답게 살도록 하기 위해 반드시 수행해야 하는 책임에 가깝다.

따라서 국제사회는 난민 문제를 해결하기 위해 적극적으로 협력하고, 난민이 안전하게 정착할 수 있는 환경을 마련해야 한다. 난민의 인권을 지키고 그들의 새로운 시작을 돕는 일은 전 세계가 함께 풀어야 할 중요한 과제다.

난민 수용 문제를 해결하기 위해서는 신중해야 한다

난민의 수가 급격히 늘어나고 있어 많은 사람들이 우려하고 있다. 난민 문제의 원인이 되는 전쟁, 폭력, 기후 변화는 반드시 해결해야 할 중대한 과제다.

그러나 난민을 무작정 수용하는 것이 해결책은 아니다. 난민 수용은 인도적인 결정이지만, 경제적 부담과 사회 통합의 문제도 함께 고려해야 한다.

난민이 급증하면서 이미 사회적·경제적 문제가 복잡해진 나라들은 계속해서 난민을 수용하는 것에 큰 부담을 느끼고 있다. 특히 자원이 제한적인 국가가 난민을 대규모로 받아들이면 자국민의 삶의 질이 현저하게 낮아질 수 있다. 따라서 난민 문제를 국제적인 과제로 인식하되, 각 나라의 상황을 충분히 고려해 신중하게 접근해야 한다.

생각 정리하기

1. 난민에 대해 알고 있던 내용을 말해 보세요.
2. 난민을 수용할 경우 경제가 불안정해지지 않을지, 사회적으로 통합이 잘 될 것인지, 범죄율이 높아지지 않을지, 문화적 정체성이 흐트러지지 않을지 등을 염려하는 사람들이 있습니다. 여러분은 어떻게 생각하나요?

정답 어휘 알기 1. 난민 기사 이해 1. 전쟁, 폭력, 기후 변화 등 다양한 요인 때문이다. 2. 해수면 상승, 극단적인 기후 변화, 자연재해 등으로 인해 난민이 생기고 있다.

문화
생활

01 채식과 육식을 절충한 플렉시테리언의 등장

세 줄 요약

채식에 대한 관심이 커지고 있다. 채식과 육식에는 각각 건강과 관련하여 장단점이 있으며, 최근에는 두 방식을 절충한 플렉시테리언 식단이 주목받고 있다.

채식을 하는 사람이 늘고 있다. 채식이란 고기류 섭취를 피하고, 채소·과일·해조류 등 식물성 식품 위주로 식단을 구성하는 것을 말한다. 채식을 하는 이유는 체중 감량처럼 건강과 관련된 목적, 환경 보호, 동물의 권리 보호 등으로 다양하다.

건강과 관련한 채식의 장점은 체중 조절과 심혈관 건강 개선에 도움이 된다는 점이다. 채식을 하면 고혈압을 개선하고 콜레스테롤을 낮추는 데 효과가 있으며, 암을 예방하는 데에도 도움이 된다고 알려져 있다.

육식을 선호하는 사람들은 육류에 단백질과 영양소가 풍부하며, 육식을 해야 우리 몸에 필요한 에너지가 충분히 공급된다고 말하기도 한다. 식물에 독성이 있는 성분이 있어 이를 피해야 한다고 주장하는 사람들도 있다. 또, 육식을 해야 필수 영양소인 비타민 B12와 철분 등을 충분히 섭취할 수 있다는 의견도 있다.

육식의 장점은 우리 몸에 필요한 단백질과 영양소를 쉽게 섭취할 수 있다는 것이다. 하지만 과도한 육류 섭취는 오히려 심혈관 질환이나 암의 위험을 높일 수 있다.

최근에는 플렉시테리언(Flexitarian)이라는 개념이 등장했다. 플렉시테리언은 주로 채식을 하되 때때로 육류를 섭취하는 사람을 뜻한다. 채식의 장점을 유지하면서 육식의 장점도 일부 받아들이는 방식이다. 플렉시테리언은 육류를 과도하게 섭취하지 않으면서도 영양소를 균형 있게 섭취할 수 있다는 장점이 있다.

전문가들은 플렉시테리언 식단을 건강한 식습관으로 추천하기도 한다. 건강을 지키기 위한 목적이라면 채식이나 육식 어느 한쪽에 치우치지 않고 다양한 식품을 적당히 섭취하는 것이 건강에 좋다고 보는 것이다. 다양한 식단을 통해 부족한 영양소를 보충하고, 몸에 필요한 에너지를 고루 섭취할 수 있기 때문이다. 그러나 무엇보다 중요한 것은 자신에게 맞는 식단을 선택하고, 균형 잡힌 식사를 하는 것이다.

1. 주로 채식을 하되 때때로 육류를 섭취하는 사람들을 부르는 말은?

1. 채식주의자가 채식을 하는 이유를 한 가지만 떠올려 보세요.
2. 육식의 장점을 한 가지만 떠올려 보세요.

건강을 위해서라면 채식을 해야 한다

채식을 선택하는 사람이 늘고 있다. 건강과 환경, 동물권을 생각하는 사람들이 많아졌기 때문이다. 그중에서도 건강 때문에 채식을 선택한 사람들은 채식이 체중 감량과 심혈관 건강 개선에 큰 도움이 된다고 강조한다.

채식은 고혈압을 개선하고 콜레스테롤을 낮추며, 암 예방에도 효과가 있는 것으로 알려져 있다. 또한 식물성 식품은 열량이 낮고 섬유질이 풍부해 체중을 조절하는 데 큰 도움이 된다. 뿐만 아니라 채소와 과일의 섭취를 늘리면 몸의 염증을 줄이는 데에도 무척 효과적이다. 비타민 B12와 철분 등의 부족은 보충제를 통해 해결할 수 있다. 따라서 채식이 건강에 미치는 영향은 전반적으로 긍정적이다.

채식을 실천하는 것은 건강을 지키는 데 유익한 선택이다. 완전한 채식이 아니더라도 전반적으로 채식 위주의 식습관을 유지하는 것만으로도 건강에 큰 도움이 된다.

채식과 육식을 가리지 않고 균형 있는 식사를 해야 한다

　최근 채식을 선택하는 사람이 늘고 있는 가운데, 육식이 더 건강에 좋다고 주장하는 사람들도 있다. 육류는 우리 몸에 필요한 단백질과 영양소를 쉽게 섭취할 수 있게 해 주며, 비타민 B12와 철분 같은 필수 영양소를 효과적으로 공급한다. 또한 필요한 에너지를 빠르게 얻을 수 있다는 장점도 있다.

　물론 지나친 육식은 건강에 부정적인 영향을 줄 수 있다. 심혈관 질환이나 암 발병 위험이 높아질 수 있기 때문이다. 하지만 그렇다고 해서 육식을 완전히 피할 필요는 없다.

　가장 중요한 것은 균형 잡힌 식사다. 채식과 육식을 적절히 조화시킨 식단을 유지하는 것이 건강에 가장 유익하다. 육식만이 건강을 지키는 유일한 방법은 아니지만, 자신의 체질이나 건강 상태를 고려하지 않고 무작정 채식에 치우치는 것은 주의해야 한다. 균형 잡힌 식사가 건강한 삶의 기본이 된다.

생각 정리하기

1. 여러분은 채식과 육식 중 어느 쪽에 가까운 식사를 하고 있나요? 여러분의 평소 식습관을 되돌아 보세요.

2. 플렉시테리언에 대해 어떻게 생각하나요?

정답 어휘 알기 1. 플렉시테리언　기사 이해 1. 체중을 줄이기 위해서 등　2. 필요한 단백질과 영양소를 쉽게 섭취할 수 있다 등

02 김정호의 대동여지도, 미술품 경매에 등장하다

세 줄 요약

조선 후기 지리학자 김정호의 대동여지도가 경매에 출품되었다. 대동여지도는 역사적, 문화적 가치를 넘어 예술성과 경제적 가치까지 인정받는 소중한 문화유산이다.

한 경매에 조선 후기의 지리학자인 김정호(1804~1866)가 제작한 대동여지도(1861)가 출품되었다. 이 지도는 원래 22첩 형태로 만들어졌으며, 각 첩을 이어 붙이면 전국 지도가 완성된다. 이번 경매에 나온 것은 1861년 신유본으로, 북부·중부·남부로 나뉜 병풍 형태의 세 점으로 구성되어 있다. 각 부분을 펼쳐 연결하면 가로 4m, 세로 6m에 달하는 전국 지도가 완성된다.

대동여지도는 목판으로 제작되어, 손으로 옮겨 그린 것보다 정확하다. 현재까지 국내외에 약 35점 정도가 전해지고 있다. 경매에 출품된 지도는 긴 세월을 지나며 일부 잃어버린 부분도 있지만 여전히 중요한 역사적 가치를 지닌 작품으로 평가된다. 이번 대동여지도의 추정가는 3억 2000만 원에서 10억 원으로, 미술품 경매 시장에서 큰 관심을 받을 것으로 보인다.

이 경매는 단순한 미술품 거래가 아닌, 우리 역사의 가치를 되새기는 중요한 계기다. 대동여지도는 과거의 지리 정보를 알 수 있을 뿐 아니라, 조선 사회의 경제·국방·교통 등 다양한 면을 살펴볼 수 있는 자료이기 때문이다. 특히 한국의 실학 정신과 당시 지리학의 발전을 보여 주는 상징적인 작품이라는 점에서 의미가 크다.

지도를 만든 고산자 김정호는 조선 후기의 실학자이자 지리학자다. 그는 어려서부터 학문에 뛰어난 재능을 보였으며, 조선의 국토를 정확하게 기록하기 위해 20년이 넘는 연구와 작업 끝에 대동여지도를 완성했다. 김정호는 지리학뿐 아니라 천문학, 수학, 역사학 등 다양한 분야에서도 업적을 남겼다. 이러한 배경을 고려하면 대동여지도가 조선 시대 다양한 학문 분야의 성과를 집약한 결과물임을 알 수 있다.

미술품 경매에서의 높은 추정가는 대동여지도가 역사적 가치뿐 아니라 문화적, 예술적 가치도 지닌다는 점을 다시 한 번 보여 주었다. 대동여지도는 오늘날에도 여전히 큰 의미를 지닌 소중한 문화유산인 것이다.

어휘 알기

1. 조선 후기 실학자이자 지리학자인 김정호가 1861년에 제작한 조선의 전국 지도는?
2. 상품이나 자산을 두고 여러 사람이 경쟁적으로 가격을 제시하고, 가장 높은 가격을 제시한 사람이 구매하는 거래 방법은?

기사 이해

1. 대동여지도가 목판으로 만들어졌기 때문에 생긴 장점은 무엇인가요?
2. 대동여지도 경매가 지닌 의미는 무엇인가요?

오늘의 사설 1

문화유산의 상업화는 가치를 인정받는 일이다

김정호의 대동여지도가 미술품 경매에 등장했다. 한국의 역사와 문화유산에 대한 감정과 평가가 이루어진다는 점에서 의미가 있다.

문화유산이 경매에서 높은 가치를 인정받으면, 사람들의 관심이 늘어나 보존과 복원의 중요성을 널리 알릴 수 있다. 이러한 관심은 국가가 더 많은 자원을 투자해 문화유산을 보호하고 관리하는 데 힘쓰게 만드는 계기가 된다.

상업적 가치와 역사적 가치는 서로 대척점에 있는 것이 아니다. 대동여지도가 상업적 가치를 인정받으면 역사적 가치와 예술적 가치 또한 다시 주목받게 된다. 이 경매는 사람들이 문화유산의 의미를 이해하고 관심을 갖게 하는 좋은 기회가 될 것이다.

문화유산의 상업화를 경계해야 한다

역사적 가치가 있는 작품이 경매에 오르는 일이 종종 있다. 그러나 이는 조심스럽게 접근해야 할 일이다. 역사적으로 중요한 작품이 거래의 대상이 된다면 본래의 가치가 훼손될 수 있기 때문이다.

물론 경매를 통해 작품의 높은 가치를 인정받을 수도 있다. 하지만 작품의 역사적 의미에 대한 올바른 이해와 존중은 상업적 가치보다 후순위가 될 위험이 있다.

뿐만 아니라 역사적 가치가 있는 작품이 개인의 소유물이 된다면 체계적으로 보존하기 어려울 수 있다. 이러한 작품은 개인이 아닌 사회 전체의 자산으로서 보존되어야 한다.

문화유산은 단순한 물건이 아니다. 우리 사회의 중요한 자산이다. 역사적 유산을 거래 대상으로 치부할 것이 아니라, 우리의 정체성과 문화를 이어가는 소중한 유산으로 다루어야 한다.

생각 정리하기

1. 대동여지도에 대해 더 알고 있는 사실이 있나요?

2. 대동여지도가 경매에 나온 것에 대해 어떻게 생각하나요?

3. 역사적 가치가 있는 물건이 경매에서 판매된다면, 그 가치가 훼손되는 것일까요?

정답 어휘 알기 1. 대동여지도 2. 경매 기사 이해 1. 손으로 옮겨 그린 것보다 정확하다. 2. 우리 역사의 가치를 되새길 수 있다.

03 한국 청소년의 비만율, 동아시아 국가 중 가장 높다

세 줄 요약

한국 청소년들의 비만율이 계속 증가하고 있다. 주요 원인은 잘못된 식습관과 운동 부족이다. 청소년 비만 문제 해결을 위한 적극적인 노력이 필요하다.

　한국 청소년의 비만율이 높아지고 있다. 특히 남학생들의 비만율이 큰 폭으로 높아졌다. 한국 청소년의 비만율은 동아시아 국가 중 가장 높은 수준이다. 비만은 더 이상 개인의 문제가 아닌 사회적·경제적 문제로 이어지고 있다.

　비만의 주된 원인은 잘못된 식습관과 운동 부족이다. 요즘 청소년은 마라탕, 아이스크림, 단 음료 등 열량이 높고 당분이 많은 음식을 즐겨 먹는다. 많은 청소년이 학교와 학원만 오가느라 바깥에서 식사하는 시간이 많아 이러한 현상이 더욱 두드러지게 나타난다. 게다가 청소년들은 아침 식사를 거르는 경우가 많고, 과일과 채소 섭취도 점점 줄어들고 있다.

특히 우리나라 청소년들은 앉아 있는 시간이 많은데, 이 역시 비만과 무관하지 않다. 한 조사에 따르면 청소년들이 하루 평균 10시간을 앉아서 생활하는 것으로 나타났다. 이는 최근 6년 사이 더 늘어난 수치다. 앉아 있는 시간이 긴 것은 우리나라 청소년들의 학업량이 과중한 탓이기도 하지만, 스마트폰 사용이나 게임의 영향도 크다.

청소년 비만율은 지역별로도 차이를 보인다. 농촌 지역 학생들의 비만율이 도시 지역보다 높으며, 일부 지역에서는 과체중 이상인 학생의 비율이 30%를 넘는다. 수도권은 상대적으로 낮은 편이지만, 경각심을 갖고 대응해야 하는 수준인 점은 같다.

정부는 청소년 비만 문제를 해결하기 위해 여러 정책을 시행하고 있다. 어린이 식생활 안전관리법을 통해 열량은 높고 영양소는 낮은 식품의 판매를 제한하거나 금지하고 있다. 또한 학교 급식에서 당류를 줄이며 급식의 질을 높이기 위한 방안을 마련하고 있다.

해외의 사례를 보면, 프랑스와 미국은 소다세를 도입해 탄산음료 소비를 줄였다. 이로 인해 실제로 비만율이 낮아졌다고 한다. 우리도 이러한 방법을 참고해 한국 실정에 맞는 정책을 마련하는 것이 시급하다. 무엇보다 학교 안에서도 비만 예방 교육을 강화하고 학생들 스스로 꾸준히 관리할 수 있게 하여 청소년들이 건강한 삶을 유지할 수 있도록 도와야 한다.

1. 설탕이 첨가된 음료나 탄산음료에 부과하는 세금은?

1. 청소년 비만의 주된 이유는 무엇인가요?
2. 현재 시행중인 비만 관련 정책은 무엇이 있나요?

청소년 비만, 정부의 강력한 개입이 필요하다

한국 청소년의 비만 문제는 개인의 문제가 아니다. 사회 전반에 영향을 미치는 중요한 사안이다. 특히 남학생의 비만율 증가와 농촌 지역의 높은 비만율은 우리 사회의 식생활 구조에 문제가 있음을 보여 준다.

정부는 어린이 식생활 안전관리법 시행과 학교 급식 개선 등으로 청소년 비만율을 낮추기 위한 노력을 기울이고 있다. 그러나 보다 적극적인 개입이 필요하다. 프랑스와 미국이 소다세를 도입해 비만율을 낮춘 사례처럼, 우리도 고열량·저영양 식품에 세금을 부과하는 등 보다 청소년 비만율을 낮추기 위한 강경한 정책 도입을 검토할 필요가 있다.

청소년기의 비만은 고혈압, 당뇨병, 심혈관 질환 등 심각한 건강 문제로 이어질 수 있다. 따라서 정부와 교육기관, 지역 사회가 함께 힘을 모아 청소년 비만 문제를 해결할 체계적이고 실질적인 대책을 마련해야 한다.

청소년 비만, 개인의 노력이 중요하다

한국 청소년의 비만 문제가 중요한 사회 문제가 된 것은 사실이다. 그러나 이 문제를 정부의 개입으로 해결하기는 어렵다. 개인의 노력과 가정의 역할이 더욱 중요하기 때문이다.

현재 청소년들은 하루 대부분의 시간을 학교나 학원 등 외부에서 보내고 있어, 부모가 식습관을 직접 지도하기 쉽지 않다. 하지만 그럴수록 더더욱 부모가 자녀의 식습관에 관심을 가지고 적극적으로 개입해야 한다. 또한 학생 스스로도 잘못된 식습관이 건강에 얼마나 해로운지를 인식하고, 스스로 개선하려는 노력이 필요하다.

비만은 건강과 직결되는 문제다. 청소년기에 형성된 잘못된 식습관이 고혈압, 당뇨 등 성인병으로 이어지지 않도록 청소년 개개인의 꾸준한 노력이 절실하다.

생각 정리하기

1. 여러분은 하루의 몇 끼를 밖에서 해결하는지, 주로 어떤 음식을 먹는지 떠올려 보세요.

2. 건강을 위해 여러분의 식습관을 돌아보고 건강한 식단을 짜 보세요.

3. 청소년 비만율 증가 문제를 해결하기 위해 정부, 학교, 청소년 개인과 가정이 각각 어떤 역할을 해야 하는지 생각해 보세요.

정답 어휘 알기 1. 소다세 기사 이해 1. 잘못된 식습관, 운동 부족 2. 열량은 높고 영양소는 낮은 식품의 판매를 제한하거나 금지하고 있다.

04 10대 사이에 확산하는 '다이소깡' 문화

세 줄 요약

최근 10대 사이에서 '다이소깡'이 큰 인기를 끌고 있다. 저렴한 가격과 10대의 취향을 반영한 다양한 상품이 다이소의 인기를 높이고 있다.

최근 10대 사이에서 다이소가 큰 인기를 끌고 있다. 이들은 일명 '다이소깡'(다이소에서 구매한 물건을 개봉해 소개하는 활동)을 보며 얻은 제품 정보를 바탕으로 다이소 쇼핑에 열광한다. 1분도 안 되는 쇼츠를 비롯해 다이소에서 구입한 물건을 소개하는 영상은 높은 조회수를 기록하며 10대들의 소비 활동에 큰 영향을 끼치고 있다. 짧은 영상으로 제품 정보를 빠르게 공유하는 문화가 확산되면서 다이소가 10대들의 온라인 놀이 문화에 자연스럽게 스며들고 있는 것이다.

다이소는 과자, 문구류, 팬시용품 등 다양한 상품을 저렴한 가격에 판매하고 있어 10대들이 자주 찾는다. 대부분의 제품을 저렴한 가격으로 판매하기 때문에 10대들의 용돈으로도 부담 없이 쇼핑할 수 있다. 다만 과자류는 가격이 저렴한 만큼 다른 곳에서 파는 동일 제품에 비해 용량이 적은 편이다. 그럼에도 불구하고 최근 과자류의 가격이 연이어 크게 인상되면서 '같은 제품도 다이소에서 구입하는 것이 상대적으로 저렴하다'는 인식이 퍼졌고, 10대들의 인기를 끌게 되었다.

또한 다이소는 10대들이 좋아하는 아이돌 팬 문화를 반영한 제품도 많이 판매한다. 아이돌 사진이나 다이어리 꾸미기를 좋아하는 10대들은 다이소에서 포토카드 보호용품, 마스킹테이프, 스티커 등 다양한 품목을 구입한다. 다이소는 10대 팬문화를 잘 이해하고, 그에 맞는 상품을 지속적으로 출시하고 있다.

아기자기한 문구류 역시 10대들의 마음을 사로잡는다. 예쁜 볼펜, 노트, 수첩, 필통 등을 부담 없는 가격에 판매하기 때문에 가지고 있는 물건이 싫증 나면 교체하러 다이소로 향하는 10대도 많다. 친구의 생일 선물을 다이소에서 구입하는 경우도 심심치 않게 볼 수 있다.

이미 저렴한 가격과 10대의 취향을 반영한 상품으로 인기를 얻고 있는 다이소는, 물건을 구입한 10대들이 직접 영상을 만들어 공유하면서 그 인기가 더욱 커지고 있다. 이러한 소비 문화는 단순히 일시적인 유행이 아니라 10대들의 소비 패턴에 큰 영향을 주는 트렌드로 자리 잡고 있다.

1. 다이소에서 구매한 물건을 개봉해 소개하는 활동을 부르는 말은?

1. 10대들이 다이소를 좋아하는 이유를 한 가지만 말해요.
2. 10대 사이에서 다이소의 인기가 더 커진 이유는 무엇인가요?

SNS를 통한 소비 문화, 10대의 자연스러운 놀이다

최근 SNS를 통해 새로운 소비 문화가 빠르게 확산되고 있다. 바로 10대들 사이에서 유행하는 '다이소깡'이다. SNS를 통해 제품 정보를 접한 10대들이 다이소에 가서 물건을 구입하는 것이 이제 일상적인 모습이 되었다.

10대들이 다이소깡 영상을 올리며 자신이 구입한 물건을 SNS에 공유하는 것은 자연스럽게 홍보 효과를 만들어 낸다. 유행에 민감한 10대들 사이에서 SNS를 통한 소비 문화가 확산되는 것은 어쩌면 당연한 일이다.

게다가 제품 정보를 미리 알고 소비하면 쇼핑 만족도가 높아질 수 있다. 무엇보다 친구들과 함께 공유하고 반응을 주고받는 과정이 즐거운 일로 인식되면서, 이러한 소비 활동이 하나의 놀이 문화로 자리 잡았다.

SNS를 통한 소비 문화, 과도한 소비를 부추긴다

SNS를 통한 소비 문화의 확산은 소비자에게 다양한 선택의 기회를 제공하는 것처럼 보인다. 그러나 이러한 콘텐츠는 과도한 소비와 물질주의를 부추기는 부작용을 낳을 수도 있다.

10대는 유행에 민감하다. 새로운 물건이 나오면 바로 구입하고 싶어 하는 심리를 이용해, SNS는 불필요한 소비를 유도하기도 한다. 요즘 유행하는 '다이소깡'과 같은 영상이 높은 조회수를 기록하는 것은 이미 10대들의 구매 욕구가 자극되고 있다는 증거다.

10대는 아직 경제관념이 완전히 자리 잡지 않은 시기다. 따라서 SNS를 통한 충동적 소비보다는 자신에게 꼭 필요한 것과 그렇지 않은 것을 구분해 합리적인 소비를 해야 한다. 주변 어른들도 10대들이 올바른 소비 습관을 형성할 수 있도록 꾸준히 관심을 가지고 지도해야 한다.

생각 정리하기

1. 다이소에서 물건을 구입해 본 적 있나요? 만족도는 어땠나요?

2. 10대들이 SNS에서 얻은 정보를 통해 물건을 구입하면 어떤 장단점이 있을지 떠올려 보세요.

3. 10대들의 SNS를 통한 소비 문화는 일종의 놀이일까요, 아니면 과소비를 부추기는 요인일까요?

정답 어휘 알기 1. 다이소깡 기사 이해 1. 10대가 좋아하는 상품을 저렴한 가격으로 판매하기 때문이다 등 2. 다이소에서 구입한 것을 영상으로 공유하는 문화가 있기 때문이다.

05 패스트트랙 제도를 둘러싼 논란

세 줄 요약

놀이공원의 패스트트랙 제도는 시간 절약을 할 수 있다는 장점이 있지만 형평성 논란이 있다. 놀이공원은 세심한 관리와 조정을 통해 모든 방문객이 공평하게 즐길 수 있는 환경을 만들어야 한다.

패스트트랙 제도를 도입하는 놀이공원이 늘고 있다. 이 제도는 추가 요금을 내면 줄을 서지 않고 놀이기구를 탈 수 있는 우선 탑승권을 제공하는 방식으로 운영된다.

에버랜드와 롯데월드 같은 국내의 대형 놀이공원에서는 이미 패스트트랙 제도를 도입해 방문객들의 편의를 높이고 있다. 세계 최대의 테마파크인 디즈니랜드 역시 줄을 서지 않고 바로 원하는 놀이기구를 이용할 수 있는 티켓을 판매하고 있는데, 이 티켓의 가격은 꽤 높은 편이다.

패스트트랙 제도는 방문객들의 시간을 절약해 주어서 편리한 이용 경험을 제공한다는 장점이 있다. 특히 주말이나 휴일, 성수기처럼 대기 시간이 긴 시기에는 방문객들의 불만을 줄이는 데 도움이 된다. 이처럼 페스트트랙은 돈을 더 지불하는 대신 시간을 아끼고 싶은 사람들에게는 유용한 제도로, 놀이공원 측에도 추가 수익을 얻을 수 있는 수단이 된다.

그러나 패스트트랙 도입에 따른 부작용도 있다. 기본 이용료와 별개로 추가 요금을 내야만 우선 탑승이 가능하다는 점이 형평성에 어긋난다고 지적하는 사람들도 있다. 패스트트랙을 이용하지 못하는 사람들은 상대적 박탈감을 느끼거나 놀이공원에 대한 만족도가 떨어질 수 있다.

또한, 패스트트랙 이용객이 많을수록 일반 이용객의 대기 시간이 오히려 더 길어지는 역효과가 생길 수도 있다. 이러한 문제를 해결하기 위해 놀이공원 측에서 패스트트랙 이용 인원을 제한하거나 이용 시간을 분산시키는 등의 대책을 마련해야 한다는 목소리도 나오고 있다.

패스트트랙 제도는 일부 방문객에게는 긍정적인 반응을 얻고 있지만, 그로 인한 형평성 논란과 부작용을 최소화하기 위한 세심한 관리가 필요하다. 앞으로 놀이공원들은 모든 이용객이 공평하게 즐길 수 있도록 제도를 운영하고, 균형 잡힌 서비스를 제공하기 위해 노력해야 할 것이다.

■ 어휘 알기 ▶

1. 인기 있는 놀이기구나 시설의 대기 시간을 줄여 주는 서비스를 부르는 말은?

2. 다른 사람들과 비교하여 자신이 더 적거나 부족하다고 느끼는 감정을 가리키는 말은?

■ 기사 이해 ▶

1. 패스트트랙은 어떤 사람에게 긍정적인 반응을 얻고 있나요?

2. 패스트트랙의 문제점을 한 가지만 말해요.

■ 오늘의 사설 1 ▶

패스트트랙은 혁신적 서비스다

패스트트랙은 놀이공원에서의 대기 시간을 줄여 방문객에게 편리함을 제공하는 혁신적인 서비스다. 주말이나 성수기에는 대기 시간이 길어 방문객들이 불편을 겪지만, 패스트트랙은 이러한 문제를 해결하는 효과적인 방법으로 주목받고 있다.

특히 가족 단위 방문객이나 시간을 절약하고 싶은 사람들에게는 매우 유용한 제도다. 또한 놀이공원은 패스트트랙을 통해 추가 수익을 얻을 수 있으며, 이를 시설 개선이나 서비스 향상에 투자할 수도 있다.

일부 방문객들은 형평성 문제를 제기하기도 하지만, 돈을 지불하고 서비스를 이용하는 것은 이미 경제 활동의 자연스러운 한 형태일 뿐이다. 패스트트랙 제도가 적절히 운영된다면 놀이공원의 편의성과 만족도를 높이는 데 중요한 역할을 할 것으로 보인다.

패스트트랙은 불공평한 서비스다

놀이공원의 패스트트랙 제도는 대기 시간 문제를 해결해 주지만, 형평성 논란을 불러일으키고 있다.

놀이공원은 기본적으로 누구나 공평하게 즐길 수 있는 공간이어야 한다. 그러나 추가 요금을 지불해야 하는 패스트트랙을 이용하지 못하는 방문객들은 상대적 박탈감을 느낄 수 있다. 결국 이러한 불만은 놀이공원 서비스 전반에 대한 만족도 하락으로 이어질 수 있다.

또한, 패스트트랙을 통해 우선 탑승한 이용객들로 인해 일반 방문객의 대기 시간은 오히려 더 길어지는 역효과가 나타날 수도 있다. 따라서 놀이 공원은 모든 방문객이 공평하게 즐길 수 있는 환경을 조성하고, 패스트트랙 제도의 운영 방식을 신중히 조정할 필요가 있다.

■ 생각 정리하기 ▸

1. 패스트트랙의 장단점은 무엇인가요?

2. 시간을 돈으로 살 수 있을까요? 있다면 어떤 사례가 있을까요?

3. 해외의 경우 병원에서도 패스트트랙을 적용하는 경우가 있습니다. 이에 대해 어떻게 생각하나요?

4. 놀이공원 패스트트랙에 대한 의견을 말해 보세요.

정답 어휘 알기 1. 패스트트랙 2. 상대적 박탈감 기사 이해 1. 돈을 더 지불하는 대신 시간을 아끼고 싶은 사람 2. 형평성에 어긋난다 등

06 텍스트힙 열풍, 젊은 세대의 독서 문화 변화

세 줄 요약

텍스트힙이 젊은 세대의 새로운 독서 문화로 확산되고 있다. 사람들이 독서를 자기표현의 수단으로 삼고 있으며, 독서 모임과 SNS 활동 등 다양한 형식으로 독서를 즐기고 있다.

'텍스트힙' 열풍이 불고 있다. 이는 책 읽는 게 멋지다는 의미를 담은 신조어로, 독서를 통해 지적 성취와 '힙(hip)'한 이미지를 추구하는 문화를 말한다. 디지털 기기와 소셜미디어의 발달로 독서량이 줄어들고 있던 가운데, 최근 들어 텍스트힙이 다시 새로운 트렌드로 떠오른 것이다.

텍스트힙은 책을 읽는 행위에만 국한되지 않는 문화 현상이다. 독서를 통해 자신만의 스타일과 가치를 표현하는 젊은 세대의 문화를 반영하고 있다. 독서 모임이나 북토크 행사에 참여하거나, 읽은 책에 대한 감상평을 블로그나 SNS에 공유하는 활동은 모두 텍스트힙 열풍의 사례다. 독서나 특정 책 관련 굿즈를 구입하거나, 필사 활동을 즐기는 것도 마찬가지다. 이처럼 독서는 이제 단순한 취미가 아닌 자신의 개성과 감각을 드러내는 현대적인 문화로 자리 잡고 있다.

특히 2025년 국제도서전에서 텍스트힙 문화를 확인할 수 있었다. 젊은 방문객이 대거 참석해 행사장을 가득 메웠고, 다양한 프로그램과 부스에서 활발한 소통이 이루어졌다. 이는 젊은 세대의 독서에 대한 관심과 열정을 보여 주는 사례로, 텍스트힙 문화의 확산을 실감하게 했다.

텍스트힙 열풍은 출판 및 독서 관련 산업에도 긍정적인 변화를 가져왔다. 독서 모임 플랫폼과 전자책 서비스 이용자가 증가하고, 관련 콘텐츠 소비가 활발해지면서 출판 업계의 매출도 함께 늘고 있다. 출판사와 서점은 텍스트힙 문화를 반영한 다양한 마케팅 전략을 선보이며 젊은 독자층을 공략하고 있다. 인플루언서와 협업해 리뷰 영상을 제작하거나, 독서 관련 굿즈를 출시하는 등의 시도도 이어지고 있다.

텍스트힙 문화의 확산은 젊은 세대의 가치관과 라이프스타일이 변화하고 있음을 보여 준다. 디지털 사회에서도 젊은 세대가 책을 통해 지적 탐구와 감성적 교감을 중시하는 태도는 매우 긍정적인 흐름으로 볼 수 있다.

어휘 알기

1. 독서하는 것이 멋지다는 뜻을 담은 신조어는?
2. 사용자들이 특정 서비스를 이용하거나 콘텐츠를 소비할 수 있는 인터넷 기반의 시스템이나 공간은?

기사 이해

1. 텍스트힙과 관련된 독서 활동에는 어떤 것이 있나요?
2. 텍스트힙은 어떤 변화를 일으켰나요?

오늘의 사설 1

텍스트힙, 젊은 세대의 새로운 독서 문화다

텍스트힙은 젊은 세대 사이에서 큰 인기를 끌고 있는 문화다. 책 읽는 게 멋지다는 의미의 이 신조어는 독서를 현대적인 감각으로 재해석하며, 책을 통한 감성적 교감과 자아 표현을 중요시하는 문화를 만들어 가고 있다.

텍스트힙 문화의 확산은 젊은 세대의 독서 문화가 변화했음을 보여 준다. 예전처럼 혼자 조용히 책을 읽는 방식이 아니라, 밖으로 나서서 보여 주고 함께 즐기는 독서로 바뀌고 있는 것이다. 독서 모임이나 북토크 행사에 참여하는 것 등이 이 열풍의 대표적인 사례다. 이밖에도 인기 있는 카페에서 책 표지를 보이도록 놓고 사진을 찍어 SNS에 올리며 '북스타그램' 활동을 하거나, 친구들과 '교환 독서'를 하며 이를 인증하는 사람들도 늘어나고 있다.

텍스트힙은 독서가 현대인의 삶 속에 다시 자리 잡을 수 있도록 돕는 중요한 문화적 흐름이 될 것이다.

텍스트힙, 독서의 본질을 흐릴 위험이 있다

텍스트힙 열풍으로 인해 독서가 새로운 문화 현상으로 재해석되고 있다. 하지만 이러한 현상으로 인해 독서의 본질이 흐려질 위험도 있다. 독서가 지적 탐구를 위한 활동이 아니라 개성을 드러내고 유행을 따르는 활동으로 변질될 가능성이 있기 때문이다.

텍스트힙 열풍은 긍정적인 독서 문화 확산에 기여하고 있지만, 외형적인 이미지에만 집중할 경우 독서의 본래 의미가 약화될 수 있다. 독서는 멋있어 보이기 위해 하는 것이 아니라, 사고력과 성찰을 키우는 과정이기 때문이다.

책은 깊이 있게 생각하고 스스로 판단하는 힘을 길러 주는 매체다. 그럴듯해 보이는 트렌드에 휩쓸리기보다, 책의 본질적인 가치에 주목하는 자세를 지키는 것이 중요하다.

생각 정리하기

1. 여러분은 독서에 어떤 행동까지 포함된다고 생각하나요?

2. 우리나라 독서량은 갈수록 감소하고 있습니다. 중학생의 독서량은 어떻다고 느껴지나요?

3. 텍스트힙은 일시적 유행일까요, 독서 문화의 변화를 나타나는 자연스러운 흐름일까요?

정답 어휘 알기 1. 텍스트힙 2. 플랫폼 기사 이해 1. 독서 모임이나 북토크 행사에 참여하는 것 등
2. 국제도서전에 젊은 방문객이 대거 참석한 것 등

07 사찰 음식, 국가 무형문화재로 지정될 예정

세 줄 요약

사찰 음식은 불교 사상과 철학을 바탕으로 자연과 조화를 이루는 한국의 전통 식문화다. 국가 무형문화재로 지정됨으로써 전통을 보존하고 사찰 음식의 가치를 알리는 노력이 이어질 것으로 기대된다.

사찰 음식이 국가 무형문화재로 지정될 예정이라는 소식이 전해졌다. 사찰 음식은 오랜 역사와 전통을 지닌 한국의 독특한 식문화다. 불교 사상과 철학을 바탕으로 자연과 조화를 이루는 식재료와 조리법을 사용하는 것이 특징이다. 단순한 음식에 그치지 않고 건강을 지키고 정신 수양을 돕는 역할도 한다.

사찰 음식은 불교에서 추구하는 단순함의 미덕과 자비 정신을 반영하여, 채식 위주의 재료와 조리법을 사용한다. 인공 조미료 없이 재료 본연의 맛을 살리며, 조리 과정이 마음을 다스리고 정신적인 안정을 찾는 수행의 일부로 여겨진다. 또한 비타민과 미네랄이 풍부해 현대인들에게 건강식으로도 각광받고 있다.

사찰 음식이 국가 무형문화재로 지정되는 이유는 단지 음식의 맛 때문이 아니다. 그 안에 담긴 문화적 가치와 철학적 의미 때문이다. 국가유산청은 사찰 음식이 불교 사상과 자연의 조화를 담은 전통 조리법을 보존하고 있다는 점을 높이 평가했다. 특히 생명을 해치지 않는다는 불교의 원칙을 바탕으로 한 재료 선택과 조리 과정이 큰 의미가 있다.

사찰 음식은 지역마다 고유한 특색을 지니고 있어 그 자체로 다양하고 풍성한 문화적 가치를 갖는다. 이는 한국의 지역 음식 문화를 잘 보여주는 예로, 세계적으로도 주목받는 문화유산으로 평가된다.

사찰 음식의 가치는 국내외에서 높이 평가받고 있으며, 이를 보존하고 전승하기 위한 노력이 이어지고 있다. 사찰 음식이 국가 무형문화재로 지정되면 교육과 연구를 통해 전통을 체계적으로 계승하고, 한국 전통 음식 문화의 가치를 세계에 알리는 기회가 될 것으로 기대된다.

특히 젊은 세대의 관심이 높아지면서 사찰 음식을 현대적 재해석해 활용할 가능성도 커졌다. 전문가들은 이번 무형문화재 지정이 관련 산업과 관광 자원의 발전에도 긍정적인 영향을 줄 것으로 보고 있다. 또한 지역 사찰과 관광·문화 기관의 협력이 강화되면서 체험 프로그램과 교육 콘텐츠도 더욱 다양해질 전망이다.

1. 물리적인 형태가 없는 예술, 공연, 의례, 기술 등과 같은 문화적 가치를 지닌 전통적인 활동이나 지식을 부르는 말은?
2. 불교의 신앙과 수행이 이루어지는 장소는?

기사 이해

1. 사찰 음식의 특성이 무엇인지 1문단에서 찾아 보세요.
2. 사찰 음식이 국가 무형문화재로 지정되는 이유는 무엇인가요?

오늘의 사설 1

사찰 음식은 국가 무형문화재로 지정되어야 마땅하다

사찰 음식이 국가 무형문화재로 지정되는 것은 매우 의미 있는 일이다. 생명을 해치지 않는 요리 원칙은 불교의 자비 정신을 상징하며, 이러한 철학은 문화유산으로서 더욱 높이 평가받아야 한다.

사찰 음식은 사람들이 정신적 평온을 찾고 삶의 의미를 되새기게 하는 데 중요한 역할을 한다. 정갈하고 단순한 조리법과 재료를 통해 한국 전통 음식의 깊이를 보여 준다.

사찰 음식의 가치는 그 속에 담긴 철학과 역사적 의미에서 더욱 빛난다. 이를 계기로 한국의 전통 음식 문화가 세계적으로 더욱 인정받기를 기대한다.

사찰 음식의 국가 무형문화재 지정은
과도한 보호로 이어질 수 있다

사찰 음식이 국가 무형문화재로 지정된 것은 그 문화적 가치가 높이 평가된 결과다. 그러나 과도한 보호나 규제가 오히려 사찰 음식의 본래 의미와 가치를 왜곡할 수 있다는 우려도 있다.

사찰 음식은 단순함과 자비의 철학을 바탕으로 하지만, 이를 제도적으로 지정한다고 해서 그 정신이 그대로 보장되는 것은 아니다. 무형문화재 지정 이후 조리법이나 재료 사용에 대한 규제가 강화되거나 상업적 관심이 과도하게 집중될 가능성도 있다.

사찰 음식의 가치를 국가적으로 인정하는 것은 의미 있는 일이지만, 지나친 보호로 인해 지역별 다양성과 고유성이 사라지지 않도록 주의해야 한다. 보호와 발전 사이의 균형을 유지할 때 비로소 그 의미가 더욱 빛날 것이다.

■ 생각 정리하기 ▶

1. 사찰 음식을 경험해 본 적이 있나요?

2. 사찰 음식의 장점은 무엇인가요?

3. 사찰 음식이 국가 무형 문화재가 되었을 때 생기는 장점은 무엇일까요?

4. 한 종교의 고유한 특성이 담긴 음식이 문화유산이 되었을 때 생기는 문제는 없을지 생각해 보세요.

08 아침형 인간과 저녁형 인간, 누가 더 우울감이 높을까

세 줄 요약

최근 연구에 따르면, 저녁형 인간은 아침형 인간보다 우울감을 느낄 가능성이 높다. 그러나 이는 일반적인 경향으로, 자신의 수면 유형을 이해하고 건강한 생활 습관을 유지하는 것이 중요하다.

　수면 유형과 정신 건강의 상관관계에 대한 연구가 활발히 진행되면서, 저녁형 인간이 아침형 인간보다 우울감을 더 느낄 가능성이 높다는 사실이 밝혀졌다.

　저녁형 인간은 생체 시계가 늦게 작동하는 유형으로, 늦은 밤에 활동하고 아침 늦게 기상하는 것을 선호한다. 그러나 현대 사회는 학교, 직장, 대중교통 등 대부분의 생활 구조가 아침형 인간을 기준으로 운영되고 있다.

　이 때문에 저녁형 인간은 자신의 생체 리듬과 맞지 않는 생활에 맞춰 사느라 만성적인 수면 부족과 스트레스에 시달리기 쉽다. 이미 여러 연구에서 저녁형 인간이 아침형 인간보다 수면 부족을 경험할 확률이 높다는 결과가 나타났다. 생체 리듬과 맞지 않는 생활이 지속되다 보면, 평일과 주말의 수면 생활 패턴 차이가 커져 전반적인 생체 시계의 안정성이 떨어진다.

수면 부족은 인지 기능 저하, 집중력 감소, 감정 조절 능력 저하 등 다양한 문제를 일으키며, 스트레스는 코르티솔 분비를 증가시켜 불안과 우울감을 심화시킨다. 또한 저녁형 인간은 늦게 잠들고 늦게 일어나며 불규칙한 수면 패턴을 보이는 경우가 많다. 이로 인해 전반적인 수면의 질이 낮아지거나 정신 건강에 문제가 생길 가능성도 높다.

햇빛 노출 부족 역시 저녁형 인간의 우울감을 높이는 요인으로 꼽힌다. 햇빛은 비타민D 생성과 세로토닌 분비를 촉진해 기분 조절에 도움을 준다. 그런데 저녁형 인간은 아침형 인간보다 실내에서 보내는 시간이 많아, 햇빛을 충분히 쬐지 못하기 쉽다. 특히 겨울철처럼 전체적인 일조량이 줄어드는 시기에는 저녁형 인간이 계절성 우울증을 겪을 위험도 상대적으로 높다.

물론 이러한 결과는 일반적인 경향일 뿐이다. 개인의 생활 습관과 환경, 유전적 요인에 따라 많은 것이 달라진다. 따라서 자신의 수면 유형을 이해하고 규칙적인 생활 습관을 유지하는 것이 중요하다. 규칙적인 수면 패턴과 햇빛 노출, 건강한 식습관, 그리고 꾸준한 운동이 정신 건강을 지키는 핵심이다.

1. 스트레스 호르몬으로, 신체가 스트레스에 반응할 때 분비되는 물질은?
2. 뇌에서 분비되는 신경전달물질로, 기분 조절, 수면, 식욕 등에 영향을 미치는 것은?

1. 저녁형 인간이 일찍 일어나느라 겪을 수 있는 문제는 무엇인가요?
2. 햇빛과 저녁형 인간의 우울감은 어떤 관련이 있나요?

저녁형 인간, 우울감 더 느끼지 않는다

저녁형 인간이 아침형 인간보다 우울감을 더 느낀다는 주장에 대해서 신중히 검토해 볼 필요가 있다. 저녁형 인간은 생체 시계와 생활 패턴의 차이가 클 확률이 높지만, 이를 근거로 저녁형 인간이 우울하다고 단정 짓는 것은 타당하지 않다.

개인마다 생활 습관과 환경, 유전적 특성이 다르기 때문에, 저녁형 인간이더라도 자신에게 맞는 수면 패턴을 유지하며 안정된 정신 상태를 유지하는 경우가 많다. 저녁형 인간이지만 건강한 생활 리듬을 통해 충분한 휴식과 행복을 누리는 사람들도 많다.

현대 사회가 아침형 인간에게 더 유리한 구조로 설계되어 있는 것은 사실이지만, 그것이 개인의 삶의 질을 결정하는 요소는 아니다. 저녁형 인간도 자신에게 맞는 방식으로 사회적 요구에 적응하며 균형 잡힌 삶을 유지할 수 있다.

저녁형 인간, 사회 적응이 더 어려울 수 있다

저녁형 인간이 아침형 인간보다 우울감을 더 많이 느낀다는 주장은 현대 사회의 현실을 반영한 지적이다.

대부분의 사회 시스템이 아침형 인간을 기준으로 운영된다. 저녁형 인간들은 자신의 생체 리듬과 맞지 않는 생활에 억지로 맞춰야 하는 경우가 많다. 이로 인해 만성적인 수면 부족과 스트레스가 누적되고, 결국 우울감과 불안감에 시달릴 위험이 크다.

저녁형 인간은 불규칙한 수면 패턴으로 인해 수면의 질이 떨어질 가능성이 높다. 따라서 생활 패턴을 조정하고 햇빛을 충분히 쬐며 규칙적인 수면 습관을 유지하려는 노력이 각별히 더 필요하다. 또한 사회 전반에서도 다양한 수면 유형을 포용할 수 있는 환경을 마련하는 것이 중요하다.

생각 정리하기

1. 여러분은 아침형 인간과 저녁형 인간 중 어느 쪽에 가깝나요?

2. 청소년이 밤 늦게까지 잠들지 않으면 어떤 문제가 생길까요?

3. 저녁형 인간으로 살면서 우울감을 느끼지 않고 생활하려면 어떻게 하면 좋을까요?

정답 어휘 알기 1. 코르티솔 2. 세로토닌 기사 이해 1. 수면 부족과 스트레스에 시달릴 수 있다. 2. 저녁형 인간은 주로 실내에서 시간을 보내느라 햇빛 노출이 부족해, 우울감이 높아질 수 있다.

09 단일민족에서 다문화 국가로

세 줄 요약

국제결혼, 외국인 노동자, 유학생 수가 늘어나며 대한민국은 다문화 사회로 변화하고 있다. 이 과정에서 문화적 갈등도 함께 나타나고 있지만 다양성을 포용하는 새로운 사회적 정체성을 모색해야 한다.

한국 사회가 빠르게 변화하고 있다. 국제결혼, 외국인 노동자, 유학생 등 다양한 배경을 가진 사람들이 한국 사회에 유입되면서 민족 구성이 다양해지고 있다. 통계청 자료에 따르면 국내에 거주하는 외국인 수는 꾸준히 증가하고 있으며, 이는 한국이 다문화 사회로 나아가고 있음을 보여 준다.

이러한 변화는 학교와 직장 등 사회 곳곳에서 확인할 수 있다. 이미 많은 학교에서는 다양한 민족적·인종적 배경을 지닌 학생들이 함께 공부하고 있으며, 기업에서는 외국인 직원들이 한국인 동료들과 협력하고 있다. 이와 같은 변화는 다양한 문화 경험이 넓어지고 새로운 아이디어가 생기는 발전의 기회가 되기도 한다.

하지만 다문화 사회로의 변화에 긍정적인 면만 있는 것은 아니다. 서로 다른 문화적 배경에서 비롯되는 갈등과 오해도 있고, 외국인 주민에 대한 차별과 편견도 여전히 존재한다.

단일민족이라는 개념은 오랫동안 한국인의 정체성을 형성해 왔다. 하지만 이제는 변화하는 시대에 맞는 새로운 정체성을 모색해야 할 때다. 다양성을 존중하고 포용하는 사회로 나아간다면 다문화 사회는 한국의 새로운 가능성을 열어줄 수 있다.

한국 정부는 다문화 사회로의 변화에 대응하기 위해 다양한 정책을 추진 중이다. 외국인의 안정적인 정착을 지원하고, 문화적 다양성을 존중하기 위한 교육 프로그램과 차별 해소 정책을 마련하고 있다.

그러나 정부의 노력만으로는 충분하지 않다. 한국 사회 구성원 모두가 다문화 사회를 이해하고, 한국 사회에 스며들고 있는 다양한 문화를 존중하는 태도를 가져야 한다. 주변의 다양한 배경을 지닌 사람들을 이방인이 아닌 함께 살아가는 이웃으로 받아들이는 인식 변화가 필요하다.

한국 사회는 지금 중요한 변화의 갈림길에 서 있다. 단일민족이라는 과거의 정체성에 머물 것인지, 아니면 다양성을 존중하고 포용하며 새로운 미래를 만들어갈 것인지, 그 선택은 우리 모두에게 달려 있다.

어휘 알기

1. 특정 국가나 지역에서 하나의 민족이 지배적인 사회 구조를 갖고 있는 상태를 부르는 말은?
2. 특정 지역이나 사회에서 그 지역 사람들과는 다른 문화적, 언어적 배경을 가진 사람을 부르는 말은?

기사 이해

1. 한국 사회가 다문화 사회가 되었다는 것을 무엇으로 알 수 있나요?
2. 다문화 사회에 맞추어 정부가 추진하는 정책을 한 가지만 말해요.

오늘의 사설 1

다문화 사회로 가는 길, 미래를 여는 길이다

한국 사회가 다문화 사회로 변하는 것은 더 이상 피할 수 없는 시대적 흐름이다. 국제결혼, 외국인 노동자, 유학생 등 다양한 배경을 가진 사람들이 한국 사회에 유입되면서 민족 구성이 점차 다양해지고 있다.

이러한 변화는 한국 사회가 더 나은 미래로 나아가기 위해 거쳐야 할 과정이다. 서로 다른 문화적 배경을 가진 사람들과의 교류는 새로운 가능성을 열어 주며, 다양한 문화의 결합은 창의적이고 혁신적인 아이디어를 만들어 낸다. 이는 경제·사회·문화 전반에 긍정적인 영향을 미칠 것이다.

따라서 한국 사회의 구성원 모두가 다문화 사회에 대한 이해를 높이고, 서로 다른 문화를 존중하는 태도를 가져야 한다. 모두가 노력할 때 비로소 진정한 의미의 다문화 사회가 실현될 것이다.

다문화 사회, 반드시 해결해야 할 과제가 있다

한국 사회가 다문화 사회로 변화하는 것은 시대적 흐름에 따라 불가피한 일이다. 그러나 그 변화가 반드시 긍정적인 결과만을 가져온다고 단정할 수는 없다.

다양한 배경을 가진 사람들이 유입되면서 민족 구성의 다양성이 확대되고 있지만, 언어와 생활 습관의 차이로 인한 갈등 등 해결해야 할 과제도 많다. 다문화 사회로 나아가는 길에는 사회적 이해와 제도적 보완이 함께 필요하다.

또한 단일민족이라는 개념을 어떻게 새롭게 인식해야 할지에 대한 사회적 논의도 필요하다. 문화적 갈등과 차별 문제를 해결하지 않은 채 다문화 사회로 나아간다면 오히려 사회적 분열을 초래할 수 있다. 따라서 다양성을 포용하면서도 사회적 통합을 이루는 균형 잡힌 접근이 중요하다.

■ **생각 정리하기**

1. 우리 사회가 다문화 사회임을 느꼈던 경험을 떠올려 보세요.

2. 다문화 사회로 나아가는 과정에서 생기는 문제는 무엇이 있을까요?

3. 우리 민족이 단일민족이라는 점이 자부심을 느낄 만한 특성이라고 생각하나요? 혹은 크게 상관 없다고 생각하나요?

4. 다문화 사회 구성원 모두가 서로 존중하고 잘 지내기 위해, 청소년이 지녀야 할 태도를 한 가지만 떠올려 보세요.

정답 어휘 알기 1. 단일민족 2. 이방인 기사 이해 1. 학교, 기업에 다양한 배경을 지닌 사람들이 많아졌다. 2. 외국인의 안정적인 정착을 지원하고 있다.

10 훼손된 서울 종묘 담장, 국가 유산의 위기

세 줄 요약

서울 종묘의 담장이 취객으로 추정되는 사람에 의해 훼손되는 사건이 발생했다. 국가 유산은 한 나라의 역사와 문화를 보여 주는 소중한 자산이기에 철저한 보호와 관리 대책이 필요하다.

　서울 종묘의 외곽 담장이 일부 훼손되는 사건이 발생했다. 종묘는 조선과 대한제국의 왕과 왕비의 신주를 모시는 국가 사당으로, 역사적 가치가 매우 큰 문화유산이다. 국가지정문화재이자 유네스코 세계유산으로 지정되어 있다. 그런데 종묘 담장의 기와 10장이 깨지거나 떨어진 것이 확인된 것이다.

　새벽 순찰 중이던 종묘 관리소 직원이 이를 발견해 경찰에 신고했다. 해당 담장은 과거에도 일부 구간 보수 공사를 거친 바 있으며, 보수 보고서에 지속적인 점검과 보강이 필요하다고 명시되어 있었다.

조사 결과, 술에 취한 사람이 담장 옆을 지나며 기와를 흔들고 잡아당겨 파손한 것으로 드러났다. 훼손된 부분은 약 4시간에 걸쳐 복구 작업이 이루어졌다.

이처럼 국가 유산이 훼손되는 사건은 처음 생긴 일이 아니다. 대표적으로 2008년 2월 10일 밤 발생한 숭례문 화재 사건이 있다. 한 남성이 문화재 관리에 불만을 품고 불을 질러 목조 건축물인 숭례문이 약 5시간 만에 전소되었고, 국민들에게 큰 충격을 안겼다. 이후 숭례문은 2013년에 복원되었지만, 이 사건은 국가유산 보호의 중요성과 관리 체계의 허점을 드러낸 사례로 남았다.

경북 안동 하회마을 담벼락 낙서, 경복궁 담벼락 스프레이 낙서 등 유사한 문화재 훼손 사례가 많이 있다. 문화유산청에 따르면 국가 유산이 훼손되면 세척과 복원, 방재 시스템 구축 등 후속 조치에 필요한 비용은 수억 원에 달하며, 산불 등으로 인한 자연적 훼손도 빈번하다. 전문가들은 훼손이 반복되는 이유로 예방보다는 사후 대응 중심의 관리 방식을 지적하기도 한다.

국가 유산은 한 나라의 역사와 문화를 보여주는 소중한 자산이다. 여기에는 궁궐, 사찰, 고분뿐 아니라 전통 의식과 풍습도 포함된다. 이런 유산은 단순한 유물이 아니라 미래 세대에게 물려줄 우리 정체성의 상징이다. 따라서 지속적인 문화재 훼손은 매우 심각한 문제이며, 체계적인 보호 대책이 절실하다.

1. 국제 연합 전문 기관의 하나로 교육, 과학, 문화 발전을 위해 만든 국제 기구는?
2. 조선과 대한제국의 왕과 왕비 신주를 모시고 제사를 지내던 국가 사당을 부르는 말은?

1. 종묘에 어떤 일이 생겼나요?
2. 훼손 사건이 일어났던 국가 유산에는 무엇이 있나요?

국가 유산 보호, 강력한 처벌과 관리 강화가 필요하다

서울 종묘 담장 훼손 사건은 우리 역사와 정체성을 훼손한 중대한 사건이다. 이외에도 숭례문 화재, 하회마을과 경복궁의 낙서 사례 등 국가 유산 훼손이 반복된 것은 지금의 제도와 관리 체계가 충분하지 않음을 보여 준다.

국가 유산은 한 번 훼손되면 완벽하게 되돌릴 수 없고, 복원에 수년의 시간과 막대한 비용이 들어간다. 따라서 재발 방지를 위해서는 강력한 법적 처벌과 더 철저한 순찰, 감시 체계가 마련되어야 한다.

국가 유산은 현재를 살아가는 우리 모두의 것이자, 미래 세대에게 반드시 물려주어야 할 문화적 자산이다. 지금 우리가 지키지 않는다면, 미래 세대는 과거의 유산을 잃게 될 것이다.

국가 유산 보호, 시민 참여와 교육에서 답을 찾아야 한다

종묘 담장 훼손 사건, 숭례문 화재, 각종 낙서 문제는 단순히 제도의 허점 때문에 발생한 것이 아닌 시민 의식 부족에서 비롯된 문제다.

국가 유산이 방치되거나 훼손되는 것은 결국 그것을 지켜야 한다는 사회적 공감대가 약하기 때문이라고 할 수 있다. 아무리 강력한 처벌과 감시 체계를 마련하더라도, 국민 스스로 문화재의 가치를 존중하지 않는다면 같은 일이 반복될 수밖에 없다.

따라서 학교와 지역 사회에서 문화재 체험 교육이나 쉽게 참여할 수 있는 보존 활동 프로그램 등 시민 교육을 강화하는 것이 중요하다. 국가 유산을 지키는 일은 제도의 문제가 아니라 시민 모두의 책임이기 때문이다.

생각 정리하기

1. 여러분이 알고 있는 국가 유산을 말해 보세요.
2. 더 이상 국가 유산 훼손이 일어나지 않기 위해 가장 시급히 해야 할 일은 무엇일까요?
3. 국가 유산 보호의 책임은 국민과 국가 중 어느 쪽에 더 있을까요?

정답 어휘 알기 1. 유네스코 2. 종묘 기사 이해 1. 기와가 깨졌다 2. 숭례문, 하회마을, 경복궁

스스로 읽고 생각하며
논리력을 키우는

중등 논술 신문

초판 1쇄 인쇄 2026년 1월 10일
초판 1쇄 발행 2026년 1월 19일

지은이 오현선

대표 장선희 **총괄** 이영철
기획위원 김혜선 **책임편집** 최지수 **기획편집** 강교리, 조연곤
디자인 이승은, 장혜미 **디자인** 프롬디자인(@fromdesign_studio)
마케팅 장동철, 박현우, 서세원, 이은진
경영지원 전선애

펴낸곳 서사원주니어 **출판등록** 제2023-000199호
주소 서울시 마포구 성암로 330 DMC첨단산업센터 713호
전화 02-898-8778 **팩스** 02-6008-1673 **이메일** cr@seosawon.com

홈페이지

인스타그램

서사원은 독자 여러분의 책에 관한 아이디어와 원고 투고를 설레는 마음으로 기다리고 있습니다.
책으로 엮기를 원하는 아이디어가 있는 분은 서사원 홈페이지의 '출간 문의'로
원고와 출간 기획서를 보내주세요. 고민을 멈추고 실행해보세요. 꿈이 이루어집니다.